共产党员理想信念教育讲座

革命理想高于天

田建国 著

山东教育出版社

图书在版编目(CIP)数据

革命理想高于天/田建国著.—济南:山东教育出版社,2017

ISBN 978-7-5328-9763-6

Ⅰ.①革… Ⅱ.①田… Ⅲ.①中国共产党—党员—思想政治教育—学习参考资料 Ⅳ.①D261.42

中国版本图书馆 CIP 数据核字(2017)第 081125 号

革命理想高于天

田建国 著

主 管:山东出版传媒股份有限公司
出版者:山东教育出版社
   (济南市纬一路 321 号 邮编:250001)
电 话:(0531)82092664 传真:(0531)82092625
网 址:www.sjs.com.cn
发行者:山东教育出版社
印 刷:山东新华印务有限责任公司
版 次:2017 年 5 月第 1 版第 1 次印刷
规 格:710mm×1000mm 16 开本
印 张:9.25 印张
印 数:1—2000 册
字 数:140 千字
书 号:ISBN 978-7-5328-9763-6
定 价:38.00 元

(如印装质量有问题,请与印刷厂联系调换)
印刷厂电话:0531—82079130

前　言

信仰，是指人们对某种主张或主义的高度相信和遵循，并以此作为自己的行动指南。对马克思主义的信仰、对社会主义和共产主义的信念，是共产党人的政治灵魂，是共产党员经受住任何考验的精神支柱。理想信念，就是共产党人精神上的钙，没有理想信念或者理想信念不坚定，精神上就会缺钙，就会得软骨病，就可能导致政治上变质、经济上贪婪、道德上堕落、生活上腐化。

习近平总书记在建党95周年大会上的讲话指出，革命理想高于天。中国共产党之所以叫共产党，就是因为从成立之日起，我们党就把共产主义确立为远大理想。我们党之所以能够经受住一次次挫折而又一次次奋起，归根到底是因为我们党有远大理想和崇高追求。理想信念动摇是最危险的动摇，理想信念滑坡是最危险的滑坡。一个政党的衰落，往往从理想信念的丧失或缺失开始。我们党是否坚强有力，既要看全党在理想信念上是否坚定不移，更要看每一位党员在理想信念上是否坚定不移。95年来，共产主义远大理想激励了一代又一代共产党人英勇奋斗，成千上万的烈士为了这个理想献出了宝贵生命。"砍头不要紧，只要主义真"，"敌人只能砍下我们的头颅，决不能动摇我们的信仰"，这些视死如归、大义凛然的誓言生动表达了共产党人对远大理想的坚贞。理想之光不灭，信念之光不灭。我们一定要铭记烈士们的遗愿，永志不忘他们为之流血牺牲的伟大理想。

我们共产党人的根本就是对马克思主义的信仰，对社会主义和共产主义的信念，对党和人民的忠诚。立根固本，就是要坚定这份信仰，坚定这份信念，坚定这份忠诚。马克思主义信仰是一个包括政治信仰和人生信仰的信念体系，包括世界观、人生观和价值观等一系列问题。因此，我们要教育引导党员干部提升党性修养、思想境界和道德水平，坚定马克思主义的信仰，坚定理想信念，在胜利和顺境时不骄傲、不急躁，在困难和逆境时不消沉、不动摇，牢牢占领推动人类社会前进、实现人类美好理想的道义制高点。

目录

第一讲　当今社会时代背景

一、意识形态的政治背景

中国共产党今天所面临的复杂局面是以往任何时期都没有过的，可以概括为"四大社会影响"和"四大环境考验"。"四大社会影响"指世界格局加快转换，中国社会急剧转型，网络技术飞速发展，信息获取渠道多元。"四大环境考验"指长期执政考验，改革开放考验，市场经济考验，外部环境考验。这些都对党员干部的思想政治素质提出了新的要求，对党的执政水平提出了新的挑战。

意识形态的斗争具有特殊复杂性。西方敌对势力意识形态渗透的主要方法就是混淆视听，搞乱思想，把个别问题扩大化，把简单问题复杂化，把一般问题政治化，最终把矛头指向中国共产党的领导和社会主义制度。

二、当今世界的时代背景

当今世界正处在一个全球化、科技化、市场化、信息化的时代。这个时代既有伟大的一面，也有渺小的一面；既有光辉灿烂的一面，也有阴暗丑陋的一面；既有让人欣喜若狂的一面，也有令人忧患忧虑的一面。

如狄更斯所说，这是一个美好的时代，也是一个糟糕的时代。换个角度讲，这是一个幸福的时代，也是一个罪恶的时代；这是一个伟大的时代，也是一个荒唐的时代；这是一个创造大量物质财富的时代，也是一个创造大量精神垃圾的时代。在这个时代，负面能量对于道德的冲击是巨大的、强烈的。这个时代提出的问题前所未闻，提出的挑战前所未有，具体地讲就是"四化"的挑战。

首先，全球化挑战。全球化是机遇也是挑战，但如果没有足够的思想准备、观念准备、人才准备、文化准备，挑战就有可能大于机遇。有人讲，美国手中有四件武器可以打败全世界：第一，美元；第二，五角大楼；第三，因特网；第四，好莱坞。这四件武器分别代表着美国的经济、军事、科技和文化。美国等西方国家认为全球化就是美国化、西方化，就是按照美国等西方国家的意识形态、生活方式、价值观影响世界，改造世界。而全球化也确实使国内一些人淡忘国家意识，消解民族身份，失去传统认同感。在全球化背景下，如何既懂得保持本民族的价值规范体系，又能融入到世界优秀文化之中，既有国际眼光、世界意识，又有民族自信心、自尊心，是一个极其严峻的挑战。

其次，科技化挑战。科学技术本身是一把"双刃剑"，它既能造福人类，也能毁灭人类。现代科学技术在造福人类的同时，也潜藏着危害人类的可能。例如：工业的发展可能造成水体和空气的污染；克隆技术可能造成伦理的问题，击碎人类几千年文明进步所形成的神圣的家庭观念；网络技术会给暴力、色情、犯罪和文化侵略等带来可乘之机，高科技犯罪、计算机犯罪等将成为全世界共同面临的棘手问题；航天技术造就了先进的军事技术，也增加了伤害人类的可能性。美国的一位著名科学家说："无规则的科技创新，可能会毁灭人类。"原子能技术发展的第一个可怕后果就是震惊世界的"广岛悲剧"。原子弹可以通过国家之间的核不扩散条约来控制，但今天各种各样的机器人得到发展，机器人如果失控，也可能会毁灭人类。

科学技术的发展未必能带来人的思想道德水平的提高，搞不好，就会人欲横流、物欲横流。西方国家已经出现了一批青少年，他们什么都想得到，什么都不想干，什么都无所谓，没有责任意识，人们称他们是"智能强盗""经济动物"。这些人往往都是一些人格低下、精神空虚、道德沦丧的人。

再次，市场化挑战。随着我国经济体制的深刻变革、社会结构的深刻变动、利益格局的深刻调整、思想观念的深刻变化，社会思想文化越来越多元、多样、多变，市场经济的双重作用越来越明显、明确、明朗。市场经济在资源配置的效率上、在社会财富积累的速度上、在充分挖掘人才的潜力上，都具有明显优势。但市场经济也有负面影响，它容易使人不择手段地追逐金钱，反映在社会上就是出现了诚信缺失，反映在国民经济秩序上就是出现了腐败滋生蔓延，反映在党政干部上就是出现了权钱交易。

今天，我们面临的挑战，主要是市场经济挑战。市场经济中，每一个主体都追求利润最大化。市场经济自然要向钱看，但也不能搞得"一切向钱看"，把精神、信仰一概物化，把诚信道德通通抛弃，淹没在利己主义的世俗潮流中，把人的尊严变成了交换价值。实际上如果物欲横流，社会乱套，市场经济也难以为继。

市场经济崇尚多元经济、多元利益。如何在多元之中有主导，多样之中有主体，多变之中有主线，在利益多样化条件下坚持弘扬以为人民服务为核心的价值取向，这对我们提出了挑战。现在机制不一样，分配方式不一样，人的收入多少也不一样，月收入有几百元的，也有几千元甚至几万元的，这往往容易引起人们思想上的不平衡、不满意、不满足、不理解。在利益多元化的条件下，怎样坚持为人民服务的价值取向？正确的理解是：为人民服务就有道德；不为人民服务，只为自己服务，就没有道德；想着别人就有道德，不想别人，只想自己，就没有道德；为社会做贡献就有价值，不做贡献就没有价值。

最后，网络化挑战。网络是一把"双刃剑"：人们利用网络学习知识、沟通交流、开阔视野、愉悦生活；同时，把握不好也容易受到网络的伤害，最致命的是心理伤害。现在许多人，面临三个世界的冲突：第一个，现实世界；第二个，理想世界；第三个，虚拟世界。整个人类经历了商品异化，科技异化，如今又进入了信息异化。信息是人创造的，反过来又控制了人。迷恋网络容易使人角色混乱、人情淡漠，分不清现实和虚拟。网络的突出特点是开放性、广泛性、及时性、便捷性。海外的网络信息鱼龙混杂，非常难以管理、引导和控制，不像进口产品有海关把关。

三、 人类发展的历史背景

过去的一个世纪，人类表现怎样？有什么地方值得我们骄傲？有什么地方令人沮丧和不堪回首？

令人骄傲的地方：客观地讲，20世纪是人类历史上空前辉煌的世纪。20世纪工业空前发展，科技空前进步，经济空前繁荣，交通空前发达。人类可以登上月球，也可以克隆生物，这确实值得骄傲。知识的爆炸，科技的飞跃，给整个社会带来眼花缭乱的变化，尤其是计算机和网络技术，使人们体会到"1 天等于 20 年"的神奇。

令人不堪回首的地方：20 世纪又是人类流血最多、怨恨最深的时期，是大屠杀、大死亡频频发生的世纪。人类历史上规模最大、死亡人数最多的两次世界大战，都发生在这个世纪。仅德国法西斯就杀害约 510 万犹太人。两次世界大战共导致了 1.3 亿人死亡，而且杀人是大规模地有组织地进行的，这在历史上是极少见的。人类不但自相残杀，而且颠倒了人与自然的关系，造成自然环境的恶化。20 世纪的 100 年中，大自然遭到毁灭性破坏，森林在消失，沙漠在扩大，河流在污染，资源在消耗，物种在灭绝。这种破坏的势头今天仍然没有被遏止，形势十分严峻。

再就是 20 世纪道德水平的下降，表现出来是功利主义、利己主义、享乐主义、拜金主义，精神空虚，暴力犯罪，没有责任，没有理想。难怪 20 世纪被称为人类道德堕落的世纪，物欲横流的世纪，精神空虚的世纪。正像尼采说的"上帝死了"，人们可以为所欲为了。[①] 这种道德滑坡趋势还在发展，影响着我们的价值判断和行为。

当今社会处在转型期，原有的道德价值体系已经被打破，与市场经济相联系的新的道德价值体系还没有建立起来，丑恶的东西还很多。"有个大学老师给大学生做报告时问当今社会缺什么？大家齐声回答：缺德。有人说，现在什么都是假的，只有骗子才是真的。为检验一下到底现在道德处在什么状态，有人做了一个实验。详见美国《读者文摘》登的一篇文章，题目是《还有人拾金不昧吗？》。文中说，有人搞了 1 100 个钱包，每个钱包放了 50 美元，兑换成各个国家的货币，同时钱包里放上钱包主人的姓名和联系电话，到世界各个国家扔到公共场所，看能还回来多少。结果是，挪威和丹麦归还率 100%，新加坡是 90%，澳大利亚、日本是 70%，美国 67%，英国 65%，法国 60%，荷兰 50%，德国 45%，俄罗斯 43%，菲律宾 40%，意大利 35%，墨西哥 21%。遗憾的是，没有到中国来。假如到中国来，大家认为归还率是多少呢？我问了几十个人，说假如你捡到钱包会怎么处理？这些人回答比较一致，说假如丢钱包的人就站在我旁边向我要，没有办法，还给他。如果不在我旁边，我肯定不还。还有人说，假如这个

---

① 吕型伟：《德育：21 世纪教育的灵魂》，载《山东教育科研》，2001(1)，22～26 页。

钱包大家看见了都不捡，我也不敢捡，如果我捡了就钻到别人的套里去了。"①

四、 传统文化的道德背景

习近平总书记反复强调优秀传统文化的重要性。我们要把优秀传统文化作为当代中国人的需求，作为当代中国人的活法，作为中国的当代价值观运用起来。

中国可能是对干部群众进行思想教育、政治理论教育用时最长、投入最大的国家，然而取得的效果并不尽如人意，可以说是事倍功半，投入和产出很不成比例。我国在开展道德教育中一个很大的缺失，就是忽视了中华优秀传统文化教育，忽视了做人的教育，忽视了现代社会中文明交往方式的教育。

小悦悦事件，药家鑫事件，复旦大学学生宿舍投毒事件，以及社会出现的偷车杀婴（吉林省长春市）、妇产科医生接生卖婴（陕西省榆林市）、酒后摔婴（河南省郑州市）等事件，令人发指，惨不忍睹，触目惊心。道德底线屡屡被突破，道德良知丧失殆尽。

什么叫道德底线？道德底线是指做人做事的最低、最后的要求。马克思·韦伯将理性分为工具理性和价值理性两种：工具理性强调借助理性达到预期目的，为达目的可以不择手段；价值理性强调实现目标时动机的纯正和手段的正确。从这个意义上讲，守住道德底线，就是守住价值理性底线。②

守住道德底线、道德良知，就是最大限度弘扬人性中真善美的一面。作为党员干部，每个人都应当有真善美的人性担当，努力弘扬人性的道德光辉。有知识，但没有人性的"人"更可怕。科学技术可以成为正义一方的武器，造福人类，带给人类文明，也可以成为邪恶一方的帮凶，带来灾难，带给人类野蛮。没有人性的科学技术是洪水猛兽，只有知识而没有人性的人像扔出的原子弹，祸害无穷，比没有知识的人更可怕。

---

① 公方彬：《当今社会最缺什么》，载《北京日报》，2007-02-05(17)。
② 胡金波：《"从这里开始，不一样的精彩"——实现江苏省普通高中教育战略性转移的策略》，载《江苏教育研究》，2012(1)，3~8 页。

一位纳粹集中营的幸存者，当上了美国一所中学的校长，每当一位新老师来到学校，他就交给那位老师一封信，信中这样说："亲爱的老师，我是集中营的生还者。我亲眼看到人类所不应当见到的情景，毒气室由学有专长的工程师建造，儿童由学识渊博的医生毒死，幼儿被训练有素的护士杀害，妇女和婴儿被受过高中或大学教育的人们枪杀。看到这一切，我质疑，教育究竟是为了什么？我们的请求是：请你帮助学生成为具有人性的人。你们的努力绝不应当被用于制造学识渊博的怪物、多才多艺的变态狂、受过高等教育的屠夫。只有在能使我们的孩子具有人性的情况下，读写算的能力才有其价值"。[①]

这个世界每天都有负面的、暴力的东西产生。在这样一个碎片化、快餐化、情绪化的传播时代，好像负面的东西越来越多，对做人道德修养的冲击也越来越大。

越战时期有一张照片，一个村被夷为平地了，迎着镜头跑来的是一些孩子，跑在最前面的是一个十二三岁的女孩，上身没有穿衣服，整个后背都燃烧起来了。之所以有这样一张照片，就证明有摄影师在拍摄。我估计有三种情况，第一种是摄影师顾不上拍了，直接跑过去把火苗扑灭；第二种情况，拍照之后，这位摄影师马上进行扑救；第三种是最可怕的，摄影师拍完就走了。他认为战争不是他发动的，炮弹不是他投下的，最重要的是他的工作，并且他没有罪恶感。

我拿这个问题去问幼儿园的孩子们，他们都选第一种可能。孩子们说被火烧多疼啊，几秒钟也不能耽搁。我去问中小学生，他们已经开始知识化了，觉得第二种可能也能接受，因为照片也能唤起人们对战争的憎恶。我去问高中生和大学生的时候，他们就开始讨论了，第三种就也是可行的了，因为这并不犯法……但是这违背了人性。

……

如果我们培养的知识化了的人，在人性上还不如他们没上学的时

---

① 陈正方：《教师应当教给学生什么》，载《新课程（小学）》，2014(2)，127 页。

候，是不是说明我们的教育出了问题，我们的文化出了问题？①

在谈到思想教育的时候，经常有人提到党性与人性问题，说共产党员也是人，所以不要总谈党性，也应该谈谈人性。

共产党员是人，有人的七情六欲，有人的所思所想，但要看到，他们不是普通的人，是有先进信仰先进觉悟的人。党性与人性并不矛盾，党性是人性的升华，共产党员把对自己父母的爱、对自己儿女的爱与对全体人民群众的爱融合在一起，党性是把人性的光辉充分发扬光大。

今天中国在世界各地创办了几百所孔子学院，国内的干部和学生却不读《论语》，不了解孔子，不读《道德经》，不了解老子，这是非常荒唐的。不少人不懂得人际交往的基本规则，不知道如何对待父母、对待师长、对待领导、对待朋友。我们不要认为今天提出的观念口号才是最先进的东西，而古人的观念都是陈旧过时的，像忠孝仁义礼智信这些观念并没有过时，对今天做人教育、道德教育只有好处，没有害处。

我们要从中华民族优秀传统文化中吸取营养。优秀传统文化是道德自信、理论自信、民族自信的根基。我们的自信来自对历史和文化的思考。中华民族有五千年历史，中华文明是世界上唯一没有中断的文明。

在世界四大文明古国——古埃及、古印度、古巴比伦、古中国中，唯一幸存下来依然保持着基本文明形态的就是中国……为什么中华民族绵延五千年生生不息，历经劫难而没有消亡，几度分裂又九九归一，屡遭外族侵占而没有灭种呢？其最深厚的原因就在于中华传统文化的巨大凝聚力、生命力和创造力……一个有着深厚文化底蕴的民族，即使暂时被武力征服了，被强敌占领了，但只要文化的根脉还在，她就有东山再起、绝地逢生的希望。如果文化的根脉被切断了，那这个民族将会陷入万劫不复的境地。正如古人所说的："灭人国者必先灭其史。"②

民族精神、传统文化是一笔宝贵的精神财富。忠孝仁义礼智信，是中

---

① 王一：《补上"好人文化"这堂课——独家对话著名作家梁晓声》，载《解放日报》，2013-06-07（13）。

② 任彦申：《漫谈文化的价值》，载《南京艺术学院学报（美术与设计版）》，2009（02），1～5页。

国人的重要价值观，只要是中华民族的子孙，迄今为止，没人敢挑战这七个字，谁都不敢说自己不孝、不忠、不信、不礼、不义，这就是传统文化的力量。

比如传统文化中"百善孝当先"。孝其实是属于善系列的，孝老敬老这是善，扶危济困也是善，善言善行也是善，人人爱物也是善。善有几层意思，对己善、对人善、对物善、对世善。对世善就是敬业，对物善就是环保，对人善就是助人，对己善就是修心。

历史不能被隔断，我们需要历史启迪，需要吸吮中华民族漫长奋斗历程中积累的文化养分。对传统文化要弘扬精华，弃其糟粕。优秀传统文化不仅现在，就是将来也不会被西化。

现在有的学者对传统文化一知半解，既没有搞懂西方，也没有明白东方，却到处写文章忽悠，引起思想混乱。

我们要学习、思考、实践、感悟，打牢历史文化底蕴，提升历史文化素养，从传统文化这部教科书中，汲取继往开来的力量，坚定优秀传统文化自信，坚定道路自信，坚定制度自信。

第二讲　坚定理想信念的意义

习近平总书记指出，理想信念是共产党人精神上的"钙"，没有理想信念，或者理想信念不坚定，精神就会"缺钙"，就好比得了软骨病，就可能导致政治上变质、经济上贪得无厌、道德上堕落、生活上腐化。

坚定理想信念，有助于我们更加坚定道路自信、理论自信、制度自信和文化自信，增强对中国特色社会主义伟大事业的信心；有助于我们更加清楚地认识历史发展规律，准确地把握社会前进方向；有助于我们更加深刻地体会党和人民不懈奋斗的艰辛。

一、　理想信念决定政党兴衰

中国共产党之所以叫共产党，就是因为一开始就把实现共产主义确立为远大理想。中国共产党能在一次次挫折中一次次奋起，归根到底是因为拥有远大的理想和崇高的追求。

党是由信仰纽带结合起来的，马克思主义、共产主义信仰是共产党人的命脉和灵魂。坚定的理想信念是合格党员的最基本要求。《中国共产党发展党员工作细则》明确规定了新时期发展党员的要求：党的基层组织应当把吸收具有马克思主义信仰、共产主义觉悟和中国特色社会主义信念，自觉践行社会主义核心价值观的先进分子入党，作为一项经常性的工作。党的十八大以来，习近平总书记多次强调共产党员的理想信念问题，他在全国组织工作会议上提出新时期好干部的标准：信念坚定、为民服务、勤政务实、敢于担当、清正廉洁。其中排在第一的是信念坚定。他在2015年的全国党校工作会议上提出要培养造就具有铁一般信仰、铁一般信念、铁一般纪律、铁一般担当的"四铁"干部。其中信仰和信念也是首要的。

什么是信仰？

从哲学的概念理解，信仰是人对人生观、价值观和世界观的持有。对信仰的不同选择，体现了一个人生命的宽度和厚度。

就政党的本质来说，信仰是一个政党的精神旗帜，是区别于其他政党的根本。对于信仰的不同选择，决定了一个政党的政治理念和政治品格。

马克思的这段话，最能阐发共产党人的信仰——如果我们选择了最能为人类福利而劳动的事业，那么，我们就不会被任何重负所压倒，因为这是为全人类所作出的牺牲；那时，我们感到的将不是一点点自私而可怜的欢乐，我们的幸福将属于千百万人。①

人民有信仰，民族有希望，国家有力量。习近平总书记讲的信仰，最主要是指共产主义信仰。它不仅仅是一种承诺，也是一种基于科学知识的信仰。这种基于科学知识的信仰，又和纯粹的科学知识，如物理学理论、天文学理论、化学理论有很大的不同，它必须有主张者的态度、承诺。共产主义信仰之所以重要，不仅仅是因为这种信仰和其他信仰相比有其特殊性，而且在于它作为一种信仰，本身就具有一种特殊性。共产党人主张批判精神、怀疑精神，但是也要求有敬畏之心，有最高的不可怀疑、不可动摇的东西要坚守住，这对当今社会来说，可以说是最重要的。这样一种需要加以敬畏的东西，从执政党角度来讲，就是给我们制定长远规划、坚守道路，提供一个坚实的依据。

作为党员干部，我们要深思以下问题：

一盘散沙，四分五裂，一穷二白，满目疮痍。中国近代史的舞台，多少政治力量登台亮相，却终究没能让一个古老大国走出苦难。是什么样的政治信念有如此强大的凝聚力，让一个新兴的无产阶级政党唤起工农千百万，完成救亡图存的历史使命？

有过低谷、有过曲折，走过弯路、绕过远路。90 年风雨沧桑，多少风险考验，却终究坚忍不拔奋力向前。当世界社会主义运动处于低潮，是什么样的政治素养有如此蓬勃的生命力，让一个长期执政的大

---

① 任仲平：《选择，凝聚在信仰的旗帜下——写在中国共产党成立 90 周年（上）》，载《人民日报》，2011-06-29(1)。

党，始终成为引领中国社会进步的核心力量？

血雨腥风的革命年代，硝烟弥漫的战争时期，激情燃烧的建设岁月，波澜壮阔的改革开放。90年始终如一，是什么样的政治品格有此持久的向心力，让鲜红的党旗始终能凝聚起各种力量，把中华民族变成一个坚强的共同体？

从只有50多人的小党发展成拥有8 000万党员、世界最大的执政党，从积贫积弱的落后国家发展成世界第二大经济体，又是什么样的政治能力有如此巨大的创造力，让一个政党的成长与一个国家的重生融为一体，在动荡的百年历史中写下不朽的传奇？

政治学家亨廷顿认为，"第三世界的现代化是一个充满动荡和激烈冲突的过程。一个具有现代化取向的政治组织是推进现代化进程又保持其过程稳定的关键力量"。中国革命的胜利、建设的成就、现代化的奇迹，密码就蕴藏于这个"政治组织"之中。

90年后，追寻这段历史轨迹的人坚信，最终的答案源自最初的理想，是信仰的旗帜造就了理想的传奇。

……

一个政党信仰的生命力，体现在走向大地的实践中。正如邓小平指出的"对马克思主义的信仰，是中国革命胜利的一种精神动力"。

曾经有人预言：中国永远摆脱不了一个不堪负担的压力，即庞大的人口，中共也无能为力。曾经有人评断：中国共产党军事上可以打100分，政治上可以打80分，经济上却只能是零分。曾经有人宣称：中国要改革开放，让一个人口众多的民族在极短时间内来个180度大转弯，就如同让航空母舰在硬币上转圈。

然而，在中国共产党的带领下，新中国用无可争议的事实击碎了这些"预言"。今天，那些提出"给中国共产党打一个高分"的人，那些惊诧"地球上最大的政治奇迹"的人，那些赞叹"人类历史上最大规模经济革命的主角"的人，不得不正视信仰的巨大力量。

作为人类全部实践的动机与目的，对个人言，信仰构成个人行为的支柱；对民族言，信仰构成凝聚民心的精神；对国家言，信仰构成国家意志的核心。一个人不能没有信仰，没有信仰的人等于没有灵魂；

革命理想高于天

一个民族不能没有信仰，没有信仰的民族如同一盘散沙；一个国家不能没有信仰，没有信仰的国家不会自主强大。

回望百年中国史，几代共产党人的革命和探索，其意义不仅在于完成了救亡图存、国家富强的历史使命，更在于它用"信仰"的旗帜将中华民族空前地组织起来，为后来中国一切发展奠定了社会基础。美国著名学者费正清由此赞叹：历史上没有其他集团能够将亿万中国人民团结成一个政治单位；世界人口五分之一的团结，是现代人类最伟大的成就之一。①

理想信念动摇是最危险的动摇，理想信念滑坡是最危险的滑坡。一个政党的衰落，往往从理想信念的丧失或缺失开始。我们党是否坚强有力，既要看全党在理想信念上是否坚定不移，更要看每一位党员在理想信念上是否坚定不移。95 年来，共产主义远大理想激励了一代又一代共产党人英勇奋斗，成千上万的烈士为了这个理想献出了宝贵生命。"砍头不要紧，只要主义真"，"敌人只能砍下我们的头颅，决不能动摇我们的信仰"，这些视死如归、大义凛然的誓言生动表达了共产党人对远大理想的坚贞。②

如果一个政党没有了信仰，政党成员没有了理想信念，那么这个政党就名存实亡了。

20 世纪 80 年代末，原苏共中央书记处有一位书记，跟美国记者聊天的时候说："我是苏共党员，但我不是共产主义者，因为我不相信共产主义，可我如果不是苏共党员，我就不能成为苏共中央书记处书记，所以我是把党员当成工具来干的。"从某种意义上说，许多党员没有信仰或信仰缺失，是导致苏联共产党最后垮台的重要因素。

信仰缺失的政党，注定只是一个丢失灵魂的躯壳，一有风吹草动就会轰然倒塌。历史告诉我们，丧失共产主义信仰的后果是非常严重的。美国前总统尼克松曾说："东欧的共产党人早已丧失理想和斗志，多数是追求名

---

① 任仲平：《选择，凝聚在信仰的旗帜下——写在中国共产党成立 90 周年（上）》，载《人民日报》，2011-06-29(1)。

② 习近平：《在庆祝中国共产党成立 95 周年大会上的讲话》，载《人民日报》，2016-07-02(2)。

利的官僚。"苏共执政末期，越来越多的苏共领导干部，尤其是高级领导干部，丧失了共产主义理想信念，甚至背叛了党。改革开放以来，我们一些党员干部也丧失了共产主义信仰，转而信仰西方的"唯利是图""拜金主义""享乐主义"，认为除了私利，"神马都是浮云"；也有些党员干部甚至高级干部，不信马列信鬼神，设佛堂、摆风水阵、迷信宗教"大师"等等，最终却走上了违法犯罪的道路。究其根源，最根本的还是抛弃了共产主义信仰，造成了信仰迷失。

> 历史证明，一个信仰坚定的政党，一定有共同的目标和统一的思想，共同的目标使四面八方的人走到一起，统一的思想使走到一起的人从此不再分开，而且使更多的人不断地被影响、吸纳，从而使这个党由小变大，由弱变强。而一个没有共同目标和缺乏统一信仰的政党终究是没有前途的，它会使已经走到一起的人散向四面八方，即使它暂时是强大的，也会因共同目标的模糊和信仰的不统一而由大变小，由强变弱。[①]

人无信仰不立，党无信仰不存。从建党的"开天辟地"，到新中国成立的"改天换地"，再到改革开放的"翻天覆地"，中国共产党今天又领导着人民创造出举世瞩目的"中国奇迹"，这些伟业都是在共产主义、社会主义理想和纲领的引领下取得的。正是这种由共同的信仰而产生的凝聚力，吸引了一批又一批中国人加入中国共产党，造就了一批又一批"不爱财、不为官、不怕死、就为了这个事业、为心中的主义的真人"。"铁肩担道义，妙手著文章"的李大钊；"砍头不要紧，只要主义真"的夏明翰；豪迈地举行刑场婚礼的周文雍、陈铁军；腹中满是草，饿死不变节的杨靖宇；"生的伟大，死的光荣"的刘胡兰；竹签钉十指，誓死不叛党的江姐……千千万万慷慨赴死的共产党员，用大义凛然的英雄壮举，诠释了共产党人对远大理想的坚守。邓小平说得好，为什么过去我们能在非常困难的情况下奋斗出来，战胜千难万险取得革命胜利呢？就是因为我们有理想，有马克思主义信仰，有共产主义信念。

习近平总书记在讲话中指出，一个政党的衰落往往从理想信念的丧失

---

① 王海晨，杨晓虹：《张学良谈国民党为什么打不过共产党》，载《百年潮》，2011(4)，71～76页。

或缺失开始。曾几何时，信仰的力量使苏联共产党在只有20万党员的情况下夺取了政权，在有200万党员的情况下打败了法西斯侵略者；然而也正是信仰的坍塌，在有2 000万党员时失去了政权。信仰缺失，精神迷茫，也是我们党一些领导干部贪腐变质的总根子。为什么有些管灵魂的出卖灵魂，管腐败的带头腐败，管干部的带头卖官，讲艰苦奋斗的带头贪图享乐？从根本上说，就是这些人的理想信念这个"总开关"出了严重问题。现在社会正经历深刻变革，思想交锋激烈，这都给共产党人的理想信念带来前所未有的冲击。社会环境越是错综复杂，共产党员越要加强党性修养，坚定心中的信仰，挺起信念的脊梁，永远不要失去共产党人安身立命的根本。

丧失了理想信念，丧失了信仰，也就是丧失了政党。今天对于我们中国共产党来讲，严以修身最根本、最关键、最核心的就是要在信仰方面旗帜鲜明、义无反顾、立场坚定、毫不动摇。

习近平总书记指出，山东沂蒙精神的核心就是理想信仰。山东是革命老区，有着光荣传统，军民水乳交融、生死与共铸就的沂蒙精神，对今天我们抓党的建设仍然有十分重要的启示作用。

军民生死与共、水乳交融的纽带的实质是坚定的理想信念。理想信念是一个民族的精神支柱，是支持一个民族奋斗向上追求进步的精神动力。

在革命斗争中，沂蒙山区发生大小战斗23 000次，有20万人参战，120万人支援前线，10万先烈牺牲，乡乡有红嫂，村村有烈士。一口饭做军粮，一块布做军装，最后一个儿子送战场。

蒙阴县的刘晓浦、刘梦一两位共产党员，面对敌人的屠刀宁死不屈。只要签个字，认个账，放弃共产主义信仰就可活命，但他们义无反顾慷慨就义。刘晓浦等烈士视死如归，费县大青山突围战惊天地、泣鬼神，更是悲壮惨烈。我们一定要铭记烈士们的遗愿，永远不忘他们为之流血牺牲的伟大理想。

改革开放时期，沂蒙精神更是大放光彩。她孕育了九间棚的艰苦奋斗精神，孕育了鲁光化工集团的奉献报国精神，孕育了新时期的爱国拥军现代红嫂精神，这些精神都是理想信念之光的折射。

特别引人关注的是2016年8月9日中央电视台《焦点访谈》播放的沂蒙儿女的感人事迹：一位76岁的老人在祖国边疆用52年时间守护着边境线，守护着家。事迹感天动地，13亿中国人民都为之落泪。他叫魏德友，是山东省临沂市沂水县诸葛镇人。在新疆塔城地区，中哈边境的茫茫草原上，有一个面积超过 50 平方千米的无人区。冬季狂风肆虐，暴雪深达 1 米多；夏天蚊虫猖獗，有"十个蚊子一盘菜"之说。76 岁的魏德友和老伴儿刘景好在这里已经住了 52 年，与他们做伴的是 100 多只羊。从这里向西 8 千米就是中哈边境 173 号界碑。每天，老魏一边赶着羊群，一边协助边防官兵盯着边防线上的一举一动。他说："我其实就是个普通人，什么也没做，只要还有一口气，我就会在这里一直干下去。"

52 年里，魏德友走了将近 20 万千米，相当于走了 16 个两万五千里长征。有的网友说，看到第一张图片就哭了；有的说，这才是真正的男神；有人说，这是最值得尊敬的人。

魏德友的感人事迹，在网络上迅速传播，一位从未上过网的老人成了"网红"，彻底颠覆了人们心目中"网红"的概念。他年迈、传统，却能打动年轻人，红遍互联网。他究竟凭的是什么？

有一种信仰在支撑着魏德友，这种信仰正是来自他的家乡沂蒙山的沂蒙精神。

二、 理想信念决定人生价值

开国元勋贺龙元帅的女儿贺捷生老人在《今天谈信仰为何变得沉甸甸》一文中说："50 年前，那时我在北大读书。那时我们也谈理想，也谈信仰，当时我们的中心话题是：报效国家，尽快完成学业投身建设社会主义的强大中国。我们的青春同朝气蓬勃的新中国一样，时时都充满向上的活力。而 50 年后的今天再谈信仰，为什么突然觉得沉甸甸的……在有些人看来，在今天这样一个价值多元的年代，我们谈理想谈信仰，似乎很不合时宜。而我们这代人看来，信仰不仅是理念和精神，更是人生的指南和人生的最高追求。"[①]

信念信仰作为精神文化中的核心部分，是人生之本、事业之基。信念越坚定，理想形成越迅速，理想追求就越坚决，理想实现的可能性就越大。

理想信念对人生价值尤为重要，主要体现在以下四个方面：

---

① 贺捷生：《今天谈信仰为何变得沉甸甸》，载《中国青年报》，2010-07-05。

第一，理想信念是人生的精神寄托，精神寄托就是人生的价值。

第二，理想信念是人生的精神支柱，精神支柱就是人生的灵魂。

第三，理想信念是人生的精神动力，精神动力就是人生的追求。

第四，理想信念是人生的精神向导，精神向导就是人生的方向。

现在有些人年龄越大越现实，小学时想当科学家，中学时渴望进名牌大学，大学毕业后就是想当个白领，工资高一些，工作环境好一些，有个好家庭，有套好房子，足矣。人讲现实无可非议，但人还是应该有追求、有理想。

三、 马克思主义是人生信仰的选择

信仰是指人们对某种主张或主义的高度相信和遵循，并以此作为自己行动的指南。信仰具有选择性、稳定性、复杂性的特点。理想、信仰和信念三者的关系是：理想是源头，信仰是核心，信念是保障。

人是有生命的高级动物，人的本质决定了人是有信仰的生命体。

马克思对人的本质有三个判断：人的类型特征恰恰就是自由的自觉的活动；人的本质不是单个人所固有的抽象物，在其现实性上，它是一切社会关系的总和；他们的需要即他们的本性，需要的发展是人的本质力量的新的证明和人的本质的新的充实。

人的特性有三个：人是有理想的动物；人是群居的动物；人是实践的动物。对更美好生活的追求是人的本能，人的信仰归根到底是由人的这一本能决定的。

信仰是人类社会从低级走向高级的根源和前提。马克思主义既是政治信仰，也是人生信仰。

1. 马克思主义信仰的基本特征是：

（1）科学性。马克思主义是科学。马克思主义运用辩证唯物主义和历史唯物主义，研究人类社会历史，揭示了人类社会发展的一般规律和资本主义必然灭亡的客观规律。

（2）价值性。过去的一切运动都是少数人的或者为少数人谋利益的运动。无产阶级的运动是绝大多数人的，为绝大多数人谋利益的运动。

（3）目的性。共产党人可以把自己的理论概括为一句话：消灭私有制。

代替那存在阶级和阶级对立的旧社会的，将是这样一个联合体，在那里，每个人的自由发展，是一切人的自由发展的条件。

2. 马克思主义信仰的基本结构是：

(1) 马克思主义信仰的社会理想和价值目标，是共产主义远大理想。

(2) 马克思主义信仰的世界观基础，是唯物主义世界观。

(3) 马克思主义信仰中的根本信念和道德要求，是为人民服务。

(4) 马克思主义信仰的价值取向和人生境界，是自由全面的人生追求。

3. 马克思主义信仰具有无比强大的力量。

对于人类自身来说，最重大和艰巨的理论问题，莫过于人类社会的发展规律；对于现代人类来说，最重大和艰巨的理论问题，莫过于资本主义社会的运动规律。

马克思的贡献正在于此。1883 年 3 月，在马克思的葬礼上，挚友恩格斯这样评价："正像达尔文发现有机界的发展规律一样，马克思发现了人类历史的发展规律"，"马克思还发现了现代资本主义生产方式和它所产生的资产阶级社会的特殊的运动规律"。

新大陆的发现、运河的开拓、奔驰的火车与轮船，以及欧洲大工业时代的工厂：通红的炉火、轰鸣的机器、挥汗如雨的工人、剥削与压迫，以及"共产主义一定要实现"……那些伴随着电光石火的文字，让一代代读者目睹了"世界制度"的形成与动摇，更唤起从西方到东方整个世界"为真理而斗争"的革命激情。在古老的中国，信奉"人生最高之理想，在求达于真理"的李大钊，从十月革命中认识到马克思主义是"世界改造原动的学说"，这位中国共产党的先驱，在生命最后一刻都坚信"共产主义在中国必然得到光辉的胜利"。

如今，马克思主义的意义，已被一个半多世纪以来的世界历史所证明。"两大发现"不仅使人类自觉到自身的发展规律，而且使人类自觉到"现实的历史"即资本主义的发展规律，从而为创建人类文明新形态提供了伟大的社会理想，揭示了现实的发展道路。这正是马克思主义的真理性之所在，也是马克思主义的理论力量之所在。

列宁曾说，"马克思的全部天才正是在于他回答了人类先进思想已经提出的种种问题"。马克思主义深刻揭示了自然界、人类社会、人类思维发展的普遍规律，为人类社会发展进步指明了方向；马克思主义坚持实现人民解放、维护人民利益的立场，以实现人的自由而全面的发展和全人类解放为己任，反映了人类对理想社会的美好憧憬；马克思主义揭示了事物的本质、内在联系及发展规律，是"伟大的认识工具"，是人们观察世界、分析问题的有力思想武器；马克思主义具有鲜明的实践品格，不仅致力于科学地"解释世界"，而且致力于积极地"改变世界"。

即使在马克思主义并未成为主流意识形态的资本主义国家，马克思也被评为"千年第一思想家"。美国学者海尔布隆纳感叹，要探索人类社会发展前景，必须向马克思求教，人类社会至今仍然生活在马克思所阐明的发展规律之中。每当人类社会发生重大危机或重大转折的关键时刻，马克思就会"出场"。这也是为什么习近平总书记强调，马克思主义依然占据着真理和道义的制高点，因此也依然有着强大生命力……

依靠科学理论的力量，95年来，共产党人凝聚在信仰的旗帜下，开创了独一无二的"中国道路"。完成新民主主义革命，完成社会主义革命，进行改革开放新的伟大革命……以马克思主义为指导，共产党人推动了中国历史上最广泛最深刻的社会变革，从根本上改变了中国人民和中华民族的前途命运，不可逆转地结束了近代以来中国内忧外患、积贫积弱的悲惨命运，不可逆转地开启了中华民族不断发展壮大、走向伟大复兴的历史进军，有着5 000多年文明历史的中国面貌焕然一新，中华民族伟大复兴展现出前所未有的光明前景。

依靠科学理论的力量，95年来，共产党人奋斗在真理的道路上，完善了人类制度文明的新形态。一个"覆屋之下，漏舟之中，薪火之上"的国家，走上强盛的道路；一个"积贫积弱，九原板荡，百载陆沉"的民族，迎来复兴的曙光；亿万"为奴隶，为牛马，为羊犬"的人民，实现小康的梦想。社会主义中国，这个曾遭遏制、封锁、包围、孤立的崭新国度，以其势不可挡的崛起创造出一种举世瞩目的制度模式，被马克思眼中那些与无产阶级"势不两立"的人，不无敬意地称为"一个崭新时代的黎明"，让中国共产党不仅成为"改写中国命运的政党"，更推动

"人类发展重心开始东移"。

近代中国"开眼看世界第一人"魏源曾说，"自古有不王道之富强，无不富强之王道"。何谓王道？就是人间正道。对于中国共产党来说，这个人间正道就是马克思主义所揭示的真理。[1]

我们强调信仰马克思主义，是针对共产党员说的，是作为执政党所倡导的主流意识形态和主流价值观念，并不排斥有益于社会发展的其他信仰。

4. 中国共产党规定，共产党员不能信仰宗教。

共产党员为什么不能信仰宗教？

马克思主义的世界观是辩证唯物主义，而宗教世界观属于唯心主义范畴。马克思主义创始人从一开始就在共产主义和宗教之间划出了明确的界限，指出无产阶级为了求得解放，必须从宗教中解放出来。因此，共产党员不能信教是中国共产党一贯的原则。

第一，如果允许共产党员信教，那么就是允许党内并存唯心主义和唯物主义两种世界观，并存有神论与无神论，势必造成马克思主义指导地位的动摇和丧失，在思想上、理论上造成党的分裂。

第二，如果允许共产党员信教，就等于允许一些党员既接受党组织的领导，又可以皈依不同的宗教人士的门下，接受各类宗教组织的领导，势必在组织上造成党的分裂，极大地削弱党组织的战斗力。

第三，如果允许共产党员信教，势必使一些党员自然成为某一种宗教势力的代言人，一些地方将出现宗教徒管党的宗教工作的现象。从而利用政府资源助长宗教热，也不可能平等地对待每一种宗教，党的宗教工作将从根本上动摇。[2]

信仰是一种观念形态，任何信仰都与经济社会发展的一定状况和一定的历史文化传统相联系。不同的历史文化传统，孕育了不同的信仰，也形成了判断信仰的不同标准。

有些西方国家信仰的特点是全民信教，全民信仰基督教。中国传统文

① 任仲平：《以真理之光引领复兴征程——写在中国共产党成立95周年之际（下）》，载《人民日报》，2016-06-03(1)。
② 魏群：《共产党员为什么不能信教》，载《四川统一战线》，2012(5)，20页。

化的包容性和开放性孕育了信仰的多元性特点，中国传统文化的入世精神，使中华民族形成了立足现实的心理特征。

2012年，美国前国务卿希拉里·克林顿在哈佛发表演讲说，中国人所受教育及媒体宣传以仇恨为主（仇视他人或妖魔化他人他国），政府的目的是让国民丧失理性和判断力。她认为中国是世界上少数没有信仰的可怕国家之一，中国人唯一崇拜的是权力和金钱，全民上下自私自利，没有爱心，也没有同情心，权贵与富豪都在抛弃中国，这个国家不可能崛起。

兰德公司亚太政策中心这样定义中国人的信仰危机：

中国人没有自己的信仰，这导致自我泛滥，缺少约束，缺少统一的精神支柱。他们没有统一规范的道德意识和真理意识，每个人只相信他们自己，每个人按照自己的意志确立行为，每个人都有他自己行为的道理，这导致中国人在各个行业和生活领域中没有统一认识。

中国是无神论国度，大多数人接受的是无神论教育，把宗教信仰当作迷信，精神领域没有共同的凝聚和约束。大部分人坚持认为自己是无神论者，其实质上却是泛神论者，在中国拜鬼现象非常普遍。

由于缺乏信仰，中国人没有罪恶感，没有亏欠和内疚感，只要犯罪不被知道就是无罪，这导致中国人在内部矛盾分歧时，在人性中的残忍和冷漠。纵观中国整个历史，最残忍的争斗和屠杀，都来自于他们自己内部。

其实不是中国人没有信仰，而是中国人原有的信仰正面临严峻的考验。

习近平总书记指出，对马克思主义的信仰，对社会主义和共产主义的信念，是共产党人的政治灵魂，是共产党员经受住任何考验的精神支柱。

四、 革命理想高于天

我们共产党人的根本，就是对马克思主义的信仰，对社会主义和共产主义的信念，对党和人民的忠诚。立根固本，就是要坚定这份信仰、坚定这份信念、坚定这份忠诚。

五、 理想信念存在的问题

中国共产党从诞生之日起就把马克思主义写在自己的旗帜上，把实现共产主义确立为最高理想……马克思主义、共产主义信仰，是共产党人的命脉和灵魂……"革命理想高于天",这句话生动反映了崇高信仰对我们共产党人的巨大激励和鞭策作用。

毋庸讳言,在我们党员、干部中,信仰缺失是一个需要引起高度重视的问题。在一些人那里,马克思主义成了批评、嘲讽的对象,有的人甚至以此为"时尚";有的精神空虚,认为共产主义是虚无缥缈的幻想,"不问苍生问鬼神",热衷于算命看相、求神拜佛,迷信"气功大师"……有的信念动摇,把家属移民到国外、钱存到国外,给自己"留后路",随时准备"跳船";有的心为物役,信奉金钱至上、名利至上、享乐至上,心里没有任何敬畏,行为没有任何底线。①

现实中,确实存在忘记党员责任的现象。有的理想信念动摇、政治纪律涣散;有的口无遮拦、乱评妄议党的大政方针;有的堂而皇之散布谬论;有的当面一套、背后一套;等等。这样的党员,忘记了党员的责任。没有党员的责任,就好比马儿没了缰绳,也就没有顾忌,由着性子来,很容易干出损害党的形象、损害人民利益的事情。

近年来,许多落马官员在忏悔中都说"忘记了入党誓词""忘记了党员责任"。这种痛心的悔悟,其实就是"种瓜得瓜、种豆得豆",恰恰印证了古训:"靡不有初,鲜克有终。"②

据调查,少数党员存在与信仰马克思主义格格不入的现象:迷惘、迟疑的观点,及时行乐的思想,贪图私利的行为,无所作为的作风。

有人讲,理想理想有利就想,前途前途有钱就图,甚至有人喊出极端错误的口号:理想是远的,信念是空的,权力是近的,金钱是实的,要抛弃远的,放弃空的,抓住近的,捞取实的。有的干部不信马列信迷信,不信科学信风水,台上做科学报告,台下求神拜佛。

我国一位著名学者在一次研讨会上语惊四座。他讲:"我们的一些大学……正在培养一些'精致的利己主义者',他们高智商,世俗,老到,善于表演,懂得配合,更善于利用体制达到自己的目的。这种人一旦掌握权

---

① 秋石:《巩固马克思主义在意识形态领域的指导地位》,载《求是》,2013(19),12~14页。
② 何毅亭:《共产党员如何做到"不忘初心"》,载《中国共青团》,2016(07),56~57页。

力，比一般的贪官污吏危害更大。"①

目前党员的理想信念现状确实让人担忧。一位美国著名学者讲的一段话发人深省，他说："我们美国搞市场经济，把肉体交给了市场经济，把制度交给了资本主义，把灵魂交给了上帝。你们中国搞市场经济，不信马克思主义，不信孔夫子，你们把灵魂交给了谁?"

回顾当年，黄埔军校培养了很多军事精英。其中一个非常有趣的现象是，在黄埔军校学习最好的，最受蒋介石器重的人，没有跟国民党走，而是跟着共产党。这是什么原因? 就是他们心里有崇高的理想和追求。

我们今天面临着各种各样的诱惑，没有理想、没有崇高的追求是十分可怕的。我们经过了多年的大发展，物质丰富了，可是不少人心灵枯竭了，精神空虚了。

目前，关于马克思主义信仰有以下几种议论：

（1）有的人认为共产主义是将来的事，现在提倡共产主义理想，没有可以衡量的标准，是一个虚幻的理想。

（2）有的人理论上浑浑噩噩，或者不自觉地忽视了党的纲领是最高纲领和最低纲领的有机统一，或者故意制造最低纲领与最高纲领的对立。

（3）有的人认为共产主义既然是将来的事，现在何必要讲呢?

（4）有的人认为共产主义是"乌托邦"，是虚幻的，根本就实现不了。

以上议论，其实质是所谓的"共产主义渺茫论"，是信仰缺失的表现。

共产党人的理想信念以科学理论为支撑，建立在人类历史发展规律的基础上。实现共产主义是共产党人的不懈真理追求和最高价值目标。

马克思和恩格斯创立了辩证唯物主义和历史唯物主义，发现了人类历史发展规律，揭示了资本主义生产方式和资本主义社会的运动规律，指明了资本主义必然灭亡的历史趋势和人类社会发展的共产主义前途。这是马克思主义理论的划时代贡献，像不灭的火炬照亮了历史发展的天空。马克思主义揭示的这种历史发展规律之所以是科学的、

---

① 张金运：《教育行动的伦理性：在个体存在与社会存在之间》，载《西北成人教育学院学报》，2016(05)，5~8 页。

具有颠扑不破的真理力量，是因为它是理论大逻辑和历史大逻辑的契合、主体思维和实践进程的统一。马克思主义诞生 150 多年来，社会主义从理论到实践，从一种运动到形成制度，从一国胜利到多国胜利，从不断总结到不断深化，始终标示着人类前进的方向。最初在"欧洲游荡"的"幽灵"，越来越被历史证明是社会发展的指路明灯。

时代前行，风云变幻，马克思主义基本原理不会过时，"两个必然"不会改变。马克思主义要求我们有大视野、大胸怀、大气魄、大追求，将"两个必然"和"两个决不会"（"无论哪一个社会形态，在它所能容纳的全部生产力发挥出来以前，是决不会灭亡的；而新的更高的生产关系，在它的物质存在条件在旧社会的胎胞里成熟以前，是决不会出现的。"）联系起来，认识到共产主义代替资本主义是一个长期、艰巨、曲折的历史过程，认识到共产主义只有在社会主义充分发展的基础上才能实现，下决心为社会主义和共产主义事业进行长期艰苦的奋斗。只有深悟这一历史发展规律，才能在任何艰难困苦的情况下都坚信共产主义一定会实现。李大钊播撒革命火种，坚称"试看将来的环球，必是赤旗的世界"；夏明翰以铮铮铁骨，发出"砍头不要紧，只要主义真"的誓言；革命先辈在"爬雪山、过草地"那般艰苦、在流血牺牲那般慷慨中留下的"革命理想高于天"的故事，无不是铁的信仰的展现。与之相对照，所谓"共产主义渺茫论"，实质上是信仰缺失的一种表现。铁的信仰是共产党人的政治灵魂和精神支柱。信仰缺失是最大的缺失，是命脉的断裂，是变质之因、堕落之源。精神"缺钙"、全身"散架"，不打自倒，何谈顶天立地？历史和现实都表明，有了铁的信仰，才能在"四大考验"中傲然挺立、在"四种危险"面前立于不败之地。①

有人说姓"马"容易，信"马"不易，就是因为"马克思的整个世界观不是教义，而是方法"。从这个角度看，苏联解体、东欧剧变不是马克思主义的失败，而是教条主义和僵化体制的失败。反过来看，中国共产党的成功就在于让马克思主义"活的灵魂"在中国大地生根，成为生机勃勃的

---

① 蒋金锵：《筑牢理想信念的思想根基》，载《人民日报》，2016-03-16(7)。

中国化的马克思主义。

有人讲，马克思主义毕竟一百多年了，还管用吗？首先，这里讲的马克思主义是经典的马克思主义，而我们讲的马克思主义是广义的，是发展着的马克思主义，既包括经典的，也包括中国化的马克思主义。所以，笼统地说马克思主义是一百多年前的理论是不对的。

即使是马克思和恩格斯的思想，也不能算过时了，而要作具体分析。不错，他们的思想具有历史局限性。然而，他们思想中的基本观点、原理是不会过时的，正如欧几里得原理、牛顿力学的基本原理并不会随着时间流逝过时一样，这些原理在一定范围内永远有效。

作风问题说到底是理想信念问题。理想信念动摇、宗旨意识淡薄、党性观念退化，作风必然会出问题。共产主义信仰、中国特色社会主义信念和全心全意为人民服务的宗旨，是我们共产党人的政治信仰和理想信念，是写在党章里的根本要求。作为党员干部，应该时刻努力，始终不渝地坚持和践行我们的政治信仰和理想信念。我们党在作风上出现的问题，可以说都和理想信念不坚定有密切关系，这是总"病根"。

当然，信仰要真正树立起来，信念要真正坚定起来，宗旨意识要真正明确起来，需要不断加强自我修养，这是一个长期的过程。对党的忠诚，既有建立在理想信念基础上的对党和国家、民族的"理性忠诚"，又有对党和人民的"利益忠诚"。个人利益与党和国家、民族利益是紧密相连的，离开了党和国家的前途、民族的命运，何谈个人的前途？对党忠诚是对党员干部最根本的政治要求。

第三讲 当代社会形势发展的要求

一、 严峻复杂的形势

坚定理想信念是由当前严峻复杂的社会形势决定的。当前严峻复杂的社会形势可以用"两个竞争""两个长期"概括。

所谓"两个竞争",一个是我们要面对激烈的政治竞争,就是看谁的制度更有生命力,谁的政权更加巩固,哪个主义更受人民拥护,哪个政党更有凝聚力;另一个是要面对激烈的文化竞争,就是看谁的思想文化更有吸引力,谁的价值观念更能广泛传播,哪种生活方式更符合时代潮流。

所谓"两个长期",一个是我国要长期面对发达国家在经济科技上占优势的压力,另一个是我国要长期面对西方敌对势力对我国实施西化、分化的战略图谋。

美国借助好莱坞推进美国价值观在全球传播。美国传播美国文化靠"三片":"薯片"指大众文化,如麦当劳、肯德基、可口可乐;"芯片"就是高科技;"大片"如好莱坞电影。

奥斯卡最佳摄影奖得主鲍德熹讲,现在是美国最开心的时代,因为现在中国的孩子都接受了美国电影的价值观,所以30年后美国人都会笑的。

美国前总统克林顿说过,美国不是用原子弹、核武器摧垮世界上第一个也是最大的社会主义国家的,靠的是意识形态、价值观、文学艺术使苏联自行解体,今后美国还会继续使用这样的方式实现全球化战略目标。

西方敌对势力一直试图用对付苏联的办法对付中国。美国兰德公司专家毫不掩饰地说,对付中国比对付苏联难多了,他们借用了"西化""分化"这两个化就搞垮了苏联,但要搞垮中国,光靠这两化还远远不够,最少再加上"四化",就是让中国老百姓对政治淡化,让党政干部在市场经济大潮冲击下腐化，把中国领袖丑化，让马克思主义在多样化意识形态下融化。

西方的"西化""分化"，表现在境外对境内的影响越来越大，网上虚拟世界对现实社会的影响越来越大，非政府组织对群众的影响越来越大，非传统安全问题对国家安全和社会稳定的影响越来越大。

像乌克兰发生的颜色革命，不是偶然的，而是必然的。这是境外环境博弈的结果。美国等西方国家联合起来对付苏联，而问题就发生在乌克兰这个历史、文化、宗教的断裂带上。

西方敌对势力用各种方式来"分化""西化"我国，目的是遏制我们发展，破坏我们宝贵的发展机遇期。我们面对的挑战形势就是这样严峻。

西方的"西化""分化"，还表现为经常利用宗教进行意识形态输出和政治制度颠覆。

美国前国务卿舒尔茨明确说过，从宗教信仰到政治行动，只有一小步距离。

1979—1987年，教皇约翰·保罗二世三次访问波兰，成功颠覆了波兰的社会主义制度。

1979年6月教皇约翰·保罗二世第一次访问波兰，极大地鼓舞了工人的士气……约翰·保罗二世一到波兰就明确表示支持尚在萌芽状态的独立工会，那时工人的任何横向联系都被视为是非法的，罢工的工人往往会以"破坏社会主义建设的流氓罪"被逮捕。教皇说"组织工会的权利是人所固有的，是上帝给的，不是国家给的"，"在任何情况下，波兰工人阶级的大多数从传统上都喜欢自治"。这在很大程度上支持了波兰工人对自治工会的追求……

1983年6月约翰·保罗二世第二次访问波兰，教皇向一千万前来迎接他的教民表达了应该让团结工会"合法化"的愿望，同时他在与雅鲁泽尔斯基的长谈中，提议政府与反对派进行协商、沟通、体察民意，避免社会对立情绪滋长，寻求和平解决问题的渠道。后来在历时19个月的"军管"当中，是教会一直给予地下状态的团结工会以物质和道义援助。瓦文萨在1989年时承认，团结工会在面临困难局势时，是"教会给予我们巨大的帮助，如没有教会，我们或许达不到现在的地步"……

　　1987 年 6 月教皇第三次访波，对试图摆脱苏联桎梏的波兰民众又一次带来巨大的鼓舞。教皇强调，应该把支持政治多元化作为全民协同行动用以解决政治危机的前提，经历过亡国之痛的波兰民族天大的问题都可以坐下来商谈，民间力量和政权不是宿敌，不要兵戎相见自相残杀……

　　1990 年 12 月 9 日，瓦文萨在第二轮总统选举中获得 74.7％的选票，当选为波兰总统。所以有人说，教会既是推动改革的第一块多米诺骨牌，也是压垮前体制的最后一根稻草。瓦文萨后来说，波兰剧变的功劳 50％归教皇，20％归里根、撒切尔夫人、戈尔巴乔夫，30％归波兰人民。这种说法可能有些夸张，但无疑反映了波兰在政治民主化道路上，宗教是不可或缺的重要因数。戈尔巴乔夫后来也承认，没有教皇的努力和超越的角色，东欧的变化是不可能的。[①]

　　近年来，国际政治、经济格局处于一个大调整、大变革的重要时期，各种社会思潮和社会矛盾对党员干部的影响和干扰比较多。同时随着信息技术的快速发展，新媒体、新技术层出不穷，这些外部环境的变化，对党员干部思想信念产生了重要影响。

　　国际形势的新变化，给党员干部思想政治教育带来了新挑战。在苏联解体之后，国际力量对比的变化也带来国际秩序的调整和变更。以美国为首的西方反华势力在近年硬实力缩水的情况下，更加重视文化软实力的竞争和意识形态领域的斗争。他们加紧抢抓国际制度性权力，加紧炮制新议题、提出新理念、倡建新机制、推动新规则，对新兴国家进行规范和约束。同时，他们也在加紧利用各种敏感时间、敏感事件进行政治干涉和意识形态渗透。尤其加紧对我国实施政治"转基因"战略，主要集中在政治渗透、文化渗透、舆论渗透、思想渗透、组织渗透、社会渗透和政治干预等方面。高校就是他们渗透的重要领域，大学生是他们争夺的重要对象。

　　美国的策略是：改变中国年轻一代的思想价值观，在社会底层植入西方的信仰体系。这是美式文化战争的两大主攻方向。早在 1946 年，美国就

---

① 金雁：《宗教在波兰转型中的作用》，载《经济观察报》，2013-09-23(48)。

在参议员富布赖特提议下通过《79—584号公共法修正案》，即富布赖特法案，首次以立法形式对美国的文化侵略提供保障。

美国历史学家弗兰克·宁柯维奇曾说，在大国间军事作用有限的条件下，特别是在现代核战争无法严密保护本国不受报复的情况下，文化手段尤其应成为美国穿越障碍的一种更加强大的渗透工具。艾森豪威尔也说过，1美元的外宣费用等于5美元的国防费用。尼克松认为，进入21世纪，采用武力侵略的代价将会更加高昂，而经济力量和意识形态的号召力将成为决定性的因素。通过文化扩张和渗透，播下思想的种子，这些种子有朝一日会结成和平演变的花蕾。

其实，这种意识形态的斗争由来已久。毛泽东同志曾经指出，帝国主义对于我们的第一代、第二代没有希望，第三代、第四代怎么样，有希望。

胡锦涛同志曾尖锐指出，意识形态领域历来是敌对势力同我们激烈争夺的重要阵地，如果这个阵地出了问题，就可能导致社会动乱甚至丧失政权。敌对势力要搞乱一个社会、颠覆一个政权，往往是从意识形态领域打开突破口，从搞乱人们的思想下手。

习近平总书记曾经深刻指出，西方国家遏制我国发展的战略图谋是不会改变的，他们决不希望我们这样一个社会主义大国顺利实现和平发展。在这个问题上，我们要保持高度警觉，不能抱任何幻想。

青年学生思想活跃，易于接受新鲜事物，历来是西方进行渗透的重要领域。在实际工作中，我们也遇到这样的情况。如：一些国外非政府组织资助国内高校的一些社团，让这些社团以调查环境保护、民族发展状况的名义开展活动，收集大学生的调查数据；国外的宗教势力将传教的重点人群瞄准大学生，对国内高校进行宗教渗透；美国组织大学生赴大使馆、领事馆等观看大选等。从当前情况看，境内外敌对势力对高校的渗透破坏活动处于历年来的高位，在这样的形势下，如何提高大学生的政治敏锐性和政治鉴别力，巩固抵御敌对势力渗透的思想防线，更好地壮大主流思想文化，巩固高校这一思想文化重地，营造和谐稳定的校园环境和氛围，是我们面临的现实考验和紧迫任务。

同时，随着对外开放不断扩大和社会主义市场经济深入发展，我国社会经济成分、组织形式、就业方式、利益关系和分配方式日益多样化，人们思想活动的独立性、选择性、多变性和差异性日益增强。这有利于大学生树立自强意识、创新意识、成才意识、创业意识，同时也带来一些不容忽视的负面影响。一些大学生不同程度地存在政治信仰迷茫、理想信念模糊、价值取向扭曲、诚信意识淡薄、社会责任感缺乏、艰苦奋斗精神淡化、团结协作观念较差、心理素质欠佳等问题。

新媒体时代，网络传播对党员干部思想政治教育提出新要求。互联网已成为舆论斗争的主战场。有人讲，互联网是我们面临的最大变量，搞不好会成为我们的"心头之患"。西方反华势力一直妄图利用互联网"扳倒中国"，多年前有西方政要就声称"有了互联网，对付中国就有了办法"，"社会主义国家投入西方怀抱，将从互联网开始"。从美国的"棱镜""X关键得分"等监控计划看，他们的互联网活动能量和规模远远超出了世人想象。在互联网这个战场上，我们能否顶得住、打得赢，直接关系我国意识形态安全和政权安全。

根据形势发展需要，我们要把网上舆论工作作为宣传思想工作的重中之重来抓。宣传思想工作是做人的工作的，人在哪儿重点就应该在哪儿。我国网民有近6亿人，手机网民有4.6亿多人，其中微博用户达到3亿多人。很多人特别是年轻人基本不看主流媒体，大部分信息从网上获取，必须正视这个事实，加大力量投入，尽快掌握这个舆论战场上的主动权，不能被边缘化了。

我们要解决好"本领恐慌"问题，真正成为运用现代传媒新手段新方法的行家里手。要深入开展网上舆论斗争，严密防范和抑制网上攻击渗透行为，组织力量对错误思想观点进行批驳。要依法加强网络社会管理，加强网络新技术、新应用的管理，确保互联网可管可控，使我们的网络空间清朗起来。做这项工作不容易，但再难也要做。天下无难事，只怕有心人。不要怕别人说什么。网上负面言论少一些，对我国社会发展、社会稳定、人民安居乐业，只有好处没有坏处。

我们一定要增强阵地意识。宣传思想阵地，我们不去占领，人家就会去占领。思想舆论领域大致有三个地带：第一个是红色地带，主要是由主流媒体和网上正面力量构成的，这是我们的主阵地，一定要守住，决不能丢了；第二个是黑色地带，主要是由网上和社会上一些负面言论构成的，还包括各种敌对势力制造的舆论，这不是主流，但其影响不可低估；第三个是灰色地带，处于红色地带和黑色地带之间。对不同地带，要采取不同策略。对红色地带，要巩固和拓展，不断扩大其社会影响。对黑色地带，要勇于钻进铁扇公主肚子里斗，逐步推动其改变颜色。对灰色地带，要大规模开展工作，加快使其转化为红色地带，防止其向黑色地带蜕变。这些工作，要抓紧做起来，坚持下去，必然会取得成效。

当代大学生成长于互联网快速发展的时代，网络已是高校学生获取社会信息的主要渠道和休闲娱乐的重要途径，也成为学生新的聚集方式。几乎所有的学生都在"人人网"、腾讯 QQ、微信上交流互动，"每日必网""无网不在"已成为当前很多大学生的生活写照。目前，大多数学生能够正确对待网络虚拟世界，遵守网络道德，对网络的使用日趋成熟理性。但沉迷网络游戏、传播不良信息等现象，也一定程度地存在着，影响了部分自控能力较差的学生的身心健康和成长成才。

同时，网上信息的便捷获取和快速传播削弱了思想政治教育主渠道的影响力。往往学生掌握的信息技术比老师还要先进，信息量比老师还要大，了解信息的速度比老师还要快，传递信息的渠道比正规渠道还要便捷，在网络上和现实中体现出一定的"去中心化"，并形成以个人为中心的趋势。

新媒体具有快捷的群际传播和社会动员能力，为宣传党的路线方针政策和传播先进义化提供了新载体的同时，也会使网络流言的传播产生"蝴蝶效应"，将许多偶发的细小矛盾汇聚引发为群体事件，将局部问题扩大为全局问题，将一般性问题演变成政治性问题。

2010 年 12 月，由一个商贩之死掀起的社会冲突视频被发布到互联网上，持续发酵，从而引发突尼斯大规模社会骚乱，最终导致统治长达 23 年的总统本·阿里倒台。突尼斯事件及随后爆发的"茉莉花革命"和北非中东大乱局，既是美国新兴媒体战争效果的经典体现，也是其未来更大规模运用这一战争样式的预演。

网上斗争，是一种新的舆论斗争形态，必须讲究战略战术。人家打运动战、游击战，我们也不能只打正规战、阵地战，要机动灵活，出奇制胜，不能被人家牵着鼻子走，不能因为战术刻板而耽误战略大局。要深入分析网上斗争的特点和规律，精心组织网上斗争力量。对网络意见领袖，要加强教育引导，好的要鼓励，不好的要管束，不能放任自流。

高校是意识形态斗争的重要领域。当前，高校思想舆论领域情况复杂，思想舆论工作的领导权与话语权虽然把握和运用正确，效果显著，但也面临着许多新问题、新挑战，主要表现有：面临文化交汇、思想渗透、主权冲击的挑战；面临西方错误思潮与国内错误观点交织的挑战；面临市场经济条件下功利主义、实用主义价值观的挑战；面临肢解、遮蔽社会主义意识形态的挑战。这些新问题、新挑战，对高校思想工作领域提出了新要求。有效规范管理解决这些问题，高校才能坚定政治方向，学生才能健康成长。

目前，高校师生思想主流是好的，大学生思想领域的管理也是有效的。但有人认为，大学课堂应该是自由的、自治的，管理者不能干涉。近年少数教师课堂教学出现的随意化、自由化现象要引起高度注意。有的理想信念动摇，散布怀疑党的领导和社会主义制度的言论；有的价值观扭曲，信奉金钱万能、物质至上、名利至上、享乐至上；有的否认马克思主义指导地位，热衷介绍西方文化，宣传西方价值观念，发表负面言论，为错误思潮推波助澜；有的将西方学术思想和政治观点作为普世价值，片面评价中国社会现象；有的鼓吹历史虚无主义，夸大我们党在历史上的失误，丑化我们党的领袖，把"英雄"看成傻子，以戏说代替正说，以歪曲代替解读，崇高被解构，理想被嘲弄；有的自吹自擂，目空一切，"世人皆浊我独清，世人皆醉我独醒"，看不惯周围一切，指责社会，贬低同行，牢骚满腹，怨声载道。

高校是意识形态重要阵地。高校历来倡导思想自由、兼容并包，但这绝不意味着随心所欲，我行我素。高校课堂是国家意识形态的宣传阵地，不是表达展示个人价值思想偏好的"秀场"，不能肆意"任性"。如果三尺讲台管不好，大学生思想领地就有可能大片沦陷。因此，高校要切实把握思想舆论正确导向，明确规范，加强管理，坚守底线：决不允许攻击诽谤党的领导、抹黑社会主义的言论在大学课堂出现；决不允许各种违反宪法的言论在大学课堂蔓延；决不允许教师在课堂上发牢骚，把不良情绪传导给学生。

（1）实行师德一票否决制。改变教师队伍中重业务、轻思想道德的倾向。要把教师的思想情况、道德修养、为人师表情况与专业技术职务聘任、选拔确定优秀中青年学术骨干和学科带头人以及各种荣誉称号的授予有机结合起来，突出师德师风的价值导向。特别要把政治标准作为教师聘用、考核的基本标准，把政治立场、政治态度、理想信念和思想品德作为选拔新教师和教师资格认定的首要条件，对不合格和违规的教师要依法依规辞退。

（2）加强监督检查机制建设。遵守教学纪律，必须要有机制保障。要建立健全教学督察制度，对教师的课堂教学情况开展督察、评估并进行反馈。高校党政领导干部要切实做到每月至少进课堂听一次课。凡未经审批、手续不全而举办的，造成不良影响的哲学社会科学学术会议、报告会、论坛、讲座，一经发现要追究主办单位有关责任人的责任。部门、个人、学生社团申请接受境外基金（资金）帮助开展社会科学领域交流、合作研究和学生活动的，要事先报学校党委有关部门审批。要落实好"谁主管，谁负责"的工作要求，对逾越政治底线、法律底线、道德底线的错误言论，要及时加以制止，并报告有关情况。

（3）推进德育进网络工作。打造一批高品质的德育主题网站，大力整合校内网络资源，建立完善网络舆情收集、研究和突发事件应急处置机制，有效应对涉及师生的重大舆论事件。要发挥高校的学科、人才和理论优势，加强网络队伍建设，敢于举旗亮剑，及时有效发声，弘扬网上正能量。引导支持学术带头人、教学名师、优秀导师和辅导员、班主任加入到网络宣传评论工作中。广泛开展师生网络文明教育和网络法制教育，强化法律意识和责任意识，形成科学、文明、健康、守法的上网习惯。

（4）严格追究责任。没有精准细化的考核评价，责任追究容易淡化、虚化。建立健全考核办法，规范考核内容、方法、程序，把落实规范管理责任作为高校干部年度考核评价的重要内容，作为意识形态督察、高校巡视的重点，纳入到党政干部目标管理中，把考核结果作为选拔任用干部的重要依据。健全责任体系，落实追究制度，对履行责任不到位、工作措施不得力的，该调整的调整，该处理的处理，切实做到有责必行、执责必严、失责必究。

（5）完善规范管理工作制度。坚持学术研究无禁区，课堂讲授有纪律，公开宣传有要求的工作原则。要加强管理，特别要加强学生社团、教师个人联系举办的讲座和报告会的管理，严格审批制度。对在课堂教学中传播违法、有害观点和言论的，要给予批评教育；对顽固坚持违法、有害观点，不听教育劝阻的，要视情节调离、解聘；对散布反动言论、编写制作政治性非法出版物或从事非法活动的，要依纪依法严肃处理，绝不给错误思潮提供传播渠道。

（6）落实领导责任。高校党委书记、校长要在意识形态工作中担负主体责任。二级学院党政主要领导也要担负主要责任。高校党委书记、校长工作述职评议，要增加意识形态工作内容。高校党委要把意识形态工作摆上重要议事日程，密切关注，定期研究，认真分析"噪音"和"杂音"为什么有传播渠道，为什么会有传播市场。其中哪些是不可避免的，哪些是可以避免的；哪些有现实危害，必须尽快解决；哪些危害不明显，可以冷处理；哪些需要公开批评，哪些需要个别引导；哪些靠说服教育来统一思想，哪些靠改进工作来化解矛盾。对相关工作及时形成决议，亮明态度，提出办法，抓紧贯彻落实。

二、 改革开放的形势

改革开放以来，成就巨大，我国已是世界第二大经济体了，GDP 总量稳居世界第二。但我们头脑要清醒，要有忧患意识。具体分析面临着三个尴尬。第一个尴尬是离第一差距太大，我国 GDP 7 万亿美元，只有美国 14 万亿美元的一半。第二个尴尬是只比第三名日本的 6 万亿美元多一点。我们现在所计算的 GDP 是指国内生产总值，如果按照国际生产总值计算，中国可能就不再是第二了。因为日本的企业基本上是国际化的，日本的汽车制造到世界每一个角落，如果把国外产值也加起来，一定会超过中国。第三个尴尬是如果按人均 GDP，被 13 亿人口一除，就排在世界 100 位之后了。

因此，我们头脑要清醒，GDP 数量大，并不是真正的强国。

甲午战争日本打败我们的时候，GDP 不如我们；鸦片战争时，整个欧洲核心 12 国的 GDP 也不如我们。1792 年英国派出马嘎尔尼使团到中国给乾隆皇帝祝寿，马嘎尔尼花了 1 年时间从天津到广州考察了清军实力，最后得出一个结论：大清帝国外强中干，摧毁大清帝国的军事，只要两艘英国的炮舰就行。当时清朝 GDP 占世界 GDP 的 32.9%，欧洲 12 国联合起来的 GDP 只占世界 GDP 的 12%，然而 1840 年鸦片战争，英军劳师远袭，不谙地理、不熟人情，寥寥 7 000 人，还有很多都是印度军人，把 50 多万清军打得溃不成军。光是 GDP 数量大没有用，科技不发达，国防不强大，GDP 形不成竞争力。

有这样一个理论，叫现代国家成长三部曲。一个现代化国家的成长，一定是有个三部曲的，这就是新生政权建立起来以后，第一步是要求安全。然后寻求发展，发展差不多了就要寻求国际地位……

所以大家一定要从历史角度评判历史人物，毛泽东时代就是解决安全问题，邓小平就是解决吃饭问题，到了习近平时代可以考虑解决国际地位问题了。或者现在网上还有一个说法，就是毛泽东要解决新中国不挨打问题，邓小平要解决不挨饿问题，习近平要解决不挨骂问题。①

改革开放以来是我国经济发展最快的时期，但不是社会矛盾最少的时期，社会群体事件不断发生。

改革开放以来是我国人民群众生活水平提高最快的时期，但不是老百姓对党和政府意见最少的时期。

改革开放以来是我们中国共产党人事业最辉煌的时期，但不是所有共产党员在群众心目中威信最高的时期，腐败案件接二连三，有些高官纷纷落马，看起来是经济案件，实质上是理想信念丧失，价值观扭曲。

改革开放以来成就巨大，但要看到问题，看到矛盾。老百姓对行业分配不公很有意见。食品安全问题很多，老百姓意见大。现在老百姓对道德滑坡意见大。干部腐败问题突出，老百姓意见大。

其实，改革发展实际问题很多，矛盾很多，这本身并不可怕，为什么？因为有发展就会有矛盾，而不发展矛盾会更多。我们要全面、辩证地看待问题和矛盾。虽然有问题，但成就是主要的，是一个指头和十个指头的关系，是局部和全局的关系。我们现在既不是好得很，也不是糟得很，正处于爬坡阶段，要冷静分析，不能因为这些问题而动摇理想信念。这些问题，都是改革发展中的问题。不改革不发展问题会更大，矛盾会更突出。有位

① 金灿荣：《中美关系中的挑战和机遇》，载《领导科学论坛》，2016(2)，80～96 页。

哲学家讲过，人们饥饿时只有一个烦恼，吃饱后就会产生无数个烦恼，前者是生存的烦恼，后者是发展的烦恼。

正确理解改革发展中的问题矛盾，还需要我们全面正确认识我国经济发展新常态下的阶段性特征。

我国处于跨越中等收入陷阱的关键阶段，人均 GDP 在 3 000～10 000 美元之间，是国际公认的中等收入阶段，既是黄金发展期、重要机遇期，也是观念转变期、利益调整期和矛盾凸显期，存在所谓的中等收入陷阱，迈不过去，就是"山重水复疑无路"，迈过去了，就会"柳暗花明又一村"。

2015 年，我国人均 GDP 达到 7 600 美元，正处在跨越"中等收入陷阱"的中段。未来一个时期，我国经济增长的曲线可能呈现 L 型态势，底部是平的，而且有小幅震荡。

为什么经济发展了，老百姓生活水平提高了，还有这么多社会问题、社会矛盾，甚至有的矛盾还比较突出、比较尖锐？分析起来，主要有三个原因：

第一个原因，我国改革开放已经高度多样多元。改革开放的最大特点"就是我们把人类迄今为止几乎所有的实践模式中的积极要素都引进中国……使社会充满了活力，促进了社会发展。而带来的最大问题就是各种实践模式之间的矛盾与冲突，当代中国无论是所有制体系、生产体系、分配体系到管理体系都高度多元了……多元化是进步，也是挑战"[1]。但多元化必须是在可以掌控的范围内，否则就会出现很多社会矛盾和社会冲突，有的甚至非常广泛和深刻。所以，中央非常强调社会治理。

第二个原因，三大潮流已经产生巨大影响。第一个潮流是全球化潮流，"全球化使中国前所未有地加入到世界现代化和全球化进程，不得不最大限度地向世界开放"[2]；第二个潮流是市场化潮流，"市场化带来了思想的解放和人的解放，造成了全新的生产、生活和交往方式，改变了中国社会的经济基础"[3]；第三个潮流是信息化潮流，"信息化改变着世界上的一切，使所有人陷入信息爆炸和有效信息匮乏的双重矛盾之中，造成了新的盲目性"[4]。

---

①②③④ 欧阳康：《当前马克思主义理论教育的前沿探索——在理论与实践、教学与科研、灌输与认同的交汇点上》，载《思想教育研究》，2013(7)，30～32 页。

这三个潮流现在不可阻挡地汇聚到中国，深刻改变着中国的发展，也带来了很多社会问题、社会矛盾。这些都是需要我们在坚定理想信念中深刻认识和着力把握的。

第三个原因，社会矛盾已经进入多发高发时期。当前，因为老百姓的利益要求空前多元化，社会矛盾多发、高发，甚至比较尖锐。"人民的根本利益、长远利益是一致的，但具体的利益有着太多的不一致。比如，在征地拆迁时，农民希望补偿多一点，但开发商不愿多给呢，你多了我就少了。在农产品价格上，有人算过一笔账，我国一年能产一万多亿斤粮食，如果一斤粮食的收购价涨一毛钱，这对农民绝不是个小数，但农产品涨价对城镇低收入居民意味着什么……这些例子都说明矛盾几乎都是由利益诉求不同引发的。所以温家宝用做蛋糕、分蛋糕打比方，他认为做大蛋糕是政府的责任，分好蛋糕是政府的良知。今天很多矛盾其实就是在分蛋糕过程中分出来的，我们的蛋糕已经做得不小了。各阶层老百姓的日子过得比30多年前好多了，但大家得到的不一样多啊，所以，如果说科学发展观解决的主要是发展问题，而构建和谐社会解决的主要是分配问题。这个问题非常复杂，但对于执政党而言，绝对又是非常重要的。蛋糕做得再大，如果分得不好，照样会出大问题。"①

从国际社会变化看，埃及、突尼斯、利比亚政权都倒台了，沙特、巴林、也门、阿尔及利亚都出现大规模抗议，叙利亚形势危急。中东事件给我们的启示是，社会矛盾、老百姓意见，不是由生产力水平决定的，而是由社会的公平正义决定的。一个不正义的社会，一个不公平的社会，无论生产力水平多高，人均GDP多高，老百姓对政府都是不满意的。

---

① 谢春涛：《中国共产党的成功、失误及面临的挑战》，载宣讲家网，http://www.71.cn/2011/1220/656277_5.shtm/。

第四讲　深入学习科学理论

习近平总书记指出，我们既要坚定走中国特色社会主义道路的信念，也要胸怀共产主义的崇高理想，矢志不移贯彻执行党在社会主义初级阶段的基本路线和基本纲领，做好当前每一项工作。革命理想高于天，没有远大理想，不是合格的共产党员，离开现实工作而空谈远大理想，也不是合格的共产党员。

一、 学习科学理论的重要意义

首先，"要抓好思想理论建设这个根本，学习马克思列宁主义、毛泽东思想、中国特色社会主义理论体系，深入学习实践科学发展观"[①]，学习习近平总书记系列重要讲话，"推进学习型党组织创建，教育引导党员、干部矢志不渝为中国特色社会主义共同理想而奋斗"[②]。

其次，"抓好党性教育这个核心，学习党的历史，深刻认识党的两个历史问题决议总结的经验教训，弘扬党的优良传统和作风，教育引导党员、干部牢固树立正确的世界观、权力观、事业观，坚定政治立场，明辨大是大非"[③]。

第三，"抓好道德建设这个基础，教育引导党员、干部模范践行社会主义荣辱观，讲党性、重品行、作表率，做社会主义道德的示范者、诚信风尚的引领者、公平正义的维护者，以实际行动彰显共产党人的人格力量"[④]。

习近平总书记"七一"讲话指出，理想因其远大而为理想，信念因其执着而为信念。我们要把理想信念教育作为思想建设的战略任务，保持在理想信念上的政治定力，自觉做坚定信仰者、忠实实践者。

[①②③④] 胡锦涛:《坚定不移沿着中国特色社会主义道路前进 为全面建成小康社会而奋斗——在中国共产党第十八次全国代表大会上的报告》,载《共产党员》,2012(23),1～16 页。

理论上清楚，政治上才能坚定。坚定的理想信念必须建立在对科学理论的深刻理解上，对科学理论的理性认同上，对历史规律的把握上。在不同社会制度不同发展道路的比较中鉴别优劣，增强政治认同、思想认同和感情认同。

崇高的信仰、坚定的信念不会自发产生。要练就"金刚不坏之身"，必须用科学理论武装头脑，不断培植我们的精神家园。对干部特别是高级领导干部来说，要把系统掌握马克思主义基本理论作为看家本领。著名学者王国维论述治学有三种境界：一是"昨夜西风凋碧树，独上高楼，望尽天涯路"；二是"衣带渐宽终不悔，为伊消得人憔悴"；三是"众里寻他千百度，蓦然回首，那人却在，灯火阑珊处"。领导干部学习理论也要有这三种境界。首先，理论学习要有"望尽天涯路"那样志存高远的追求，耐得住"昨夜西风凋碧树"的清冷和"独上高楼"的寂寞，静下心来通读苦读；理论学习要勤奋努力、刻苦钻研，下真功夫、苦功夫、细功夫，即使"衣带渐宽"也"终不悔"，"人憔悴"也心甘情愿；理论学习贵在独立思考、学用结合、学有所悟、用有所得，在学习和实践中"众里寻他千百度"，最终"蓦然回首"，在"灯火阑珊处"领悟真谛。

我们"要深入学习马克思列宁主义、毛泽东思想、邓小平理论、'三个代表'重要思想、科学发展观，深入学习党的十八大以来党中央治国理政新理念新思想新战略，不断提高马克思主义思想觉悟和理论水平，保持对远大理想和奋斗目标的清醒认知和执着追求。我们要教育引导广大党员、干部把学习成果转化为提升党性修养、思想境界、道德水平的精神营养，做到真学真懂真信真用，在胜利和顺境时不骄傲不急躁，在困难和逆境时不消沉不动摇，牢牢占据推动人类社会进步、实现人类美好理想的道义制高点"①。

党员干部必须把坚定理想信念、提高思想政治水平放在首位，老老实实、原原本本学习马克思列宁主义、毛泽东思想，特别是邓小平理论、"三个代表"重要思想、科学发展观、习近平总书记系列重要讲话。中国特色社会主义理论体系是马克思主义中国化最新成果，是当代中国的马克思主

---

① 习近平：《在庆祝中国共产党成立95周年大会上的讲话》，载《党建》，2016(7)，4～11页。

义，是坚持和发展中国特色社会主义的行动指南。要坚持用这一科学理论体系武装全党、教育人民、指导工作，引导广大干部深刻领会党的理论创新成果，坚定理想信念。新干部、年轻干部尤其要抓好理论学习，通过坚持不懈的理论学习，学会运用马克思主义的立场、观点、方法观察和解决问题，坚定理想信念，提高辩证思维能力，做到虔诚而执着，自信而深厚。

中国特色社会主义理论体系包括邓小平理论、"三个代表"重要思想、科学发展观、习近平总书记系列重要讲话，既是一种政治方向，又是一种世界观和方法论，同时也是价值尺度。作为党员干部，要认真学习。

理论作为解释世界的一种思维方式，为人们认识世界提供了一种解释原则，在这个意义上讲，掌握一种理论就是掌握它的思维方式；从价值观层面上看，理论作为一种价值体系，为人们提供安身立命的意义；世界观是规范人们立身行事的价值尺度，在这个意义上接受一种理论，也就认同了一种做人做事的基本原则；从人生观层面上看，理论作为一种人生指南，解释了人生应该怎样度过、人类应该怎样存在，为生命提供支撑、为生活提供依据，在这个意义上，信仰一种理论就是接受了一种生活态度与方式。

学习实践邓小平理论。邓小平理论的最伟大贡献在于四个改变：改变了中国的前进方向，改变了中华民族的历史命运，改变了社会主义的形象，改变了人们的价值观念和精神状态。世界上的政治家很多，真正改变一个国家发展走向的不多；世界上的思想家很多，真正影响一代人或者几代人思维方式的不多，邓小平两者兼备。

学习实践"三个代表"重要思想。"三个代表"重要思想和邓小平理论是中国特色社会主义主题的上下篇，"三个代表"重要思想是面对世情、国情、党情的深刻变化提出来的，"三个代表"重要思想就是中国共产党的执政学说，是我们兴国建设的学说，是为民的学说。理解"三个代表"重要思想，最重要的就是要执好政、兴好国、为好民，这就是"三个代表"重要思想的本质。

在"三个代表"重要思想中，第一次把"代表中国先进文化的前进方向"作为中国共产党的指导思想之一，写在了党的旗帜上。所谓"当代中国先进文化"，就是以中国特色社会主义理论为指导的，坚持"面向现代化，面向世界，面向未来"的，民族的，科学的，大众的社会主义文化。这种文化应当汇聚中国文化的优秀遗产，吸纳世界文明的先进成果，反映时代精神的要求，顺应历史潮流的方向。中国历史上任何一次盛世文化，如大汉文化，大唐文化，大清文化，都是开放的、包容的多元文化的统一，就像自然界单一物种很快就会灭种一样，任何单一的文化不管怎样强大一时，终归是不能持久的。[①]

学习实践科学发展观。科学发展观是对毛泽东思想、邓小平理论、"三个代表"重要思想关于发展思想的继承和发展。科学发展观是现代化建设必须长期坚持的指导思想，是指导发展的世界观和方法论的集中体现。科学发展观揭示了经济社会发展的普遍规律，反映了世界各国发展的经验教训。科学发展观凝结着我们几代共产党人的心血。科学发展观的第一要义是发展，突出又好又快发展。科学发展观的本质是以人为本，内容是全面协调可持续发展，要求是统筹兼顾。科学发展观简单讲，就是既要立足当前，又要着眼未来；既要经济发展，也要社会发展；既要生活小康，也要人民健康；既要金山银山，也要绿水青山；既要物质基础，也要文化推动。

学习实践习近平总书记系列重要讲话。习近平总书记系列重要讲话，以非凡的理论勇气、高超的政治智慧、坚韧不拔的担当精神，把握时代大趋势，回答实践新要求，围绕坚持和发展中国特色社会主义，提出了许多富有创见的新思想、新观点、新论断，深刻回答了党和国家发展的重大理论和现实问题，丰富了马克思主义。

党的十八大以来，以习近平同志为总书记的党中央结合新的时代特征与新的历史条件，立足中国发展实际，坚持问题导向，与时俱进、开拓创新，不断将当代中国马克思主义理论即中国特色社会主义理论体系研究推进到新境界。

在社会主义初级阶段发展规划中，明确提出"两个一百年"奋斗目标和中华民族伟大复兴中国梦。与改革开放初期"摸着石头过河"的历史阶段相比，当前中国特色社会主义改革开放事业加强了"顶层设计"，体现出鲜明的时代特征和阶段性要求。在实现"两个一百年"奋斗目标和中华民族伟大复兴中国梦的实践中，不断创新马克思主义

---

① 任彦申：《漫谈文化的价值》，载《南京艺术学院学报（美术与设计版）》，2009(2)，1～5 页。

理论，并把创新的理论作为实现奋斗目标的行动指南，指导改革开放实践的顺利进行，最终达到中国特色社会主义理论逻辑、理论创新和实现目标的实践逻辑、实践创新的有机统一。

在中国特色社会主义建设事业进程中，进一步回答了国家制度完善和国家治理体系推进问题。在中国特色社会主义建设新的历史阶段，以习近平同志为总书记的党中央着力回答和解决的是"建设一个什么样的国家制度、怎么治理国家"的新问题。习近平总书记提出的"四个全面"战略布局，即全面建成小康社会、全面深化改革、全面依法治国、全面从严治党都是为了巩固完善中国特色社会主义制度、推进国家治理体系和治理能力现代化。"四个全面"战略布局作为治国理政总方略，体现了中国共产党对马克思主义方法论的灵活运用，标志着中国共产党在处理错综复杂问题时的宏观驾驭能力的飞跃，也显示出马克思主义执政党对治理大国、建设社会主义事业的能力自信。

围绕依法治国、坚持党的领导和人民当家做主的有机统一，进一步完善当代中国特色社会主义民主制度。当代中国特色社会主义民主制度根本区别于西方资本主义的三权分立、权力制衡的宪政民主制度。改革开放之初的社会主义民主政治建设主要是为了理顺体制、机制、基本制度的关系而通过政治体制改革加以推动，今天的民主政治建设则是通过巩固、完善中国特色社会主义制度，促进国家富强、人民富裕、社会公平正义，在共同富裕的进程中逐步实现人民当家做主，从而体现社会主义制度优越性和制度自信。

在当代社会主义发展观上，提出了创新、协调、绿色、开放、共享的发展理念。继科学发展观之后的新发展理念，是针对我国经济发展进入新常态、世界经济复苏低迷形势提出的治本之策，是针对当前我国发展面临的突出问题和挑战提出来的战略指引。它集中反映了中国共产党对社会、经济发展规律认识的深化，体现了中国共产党全心全意为人民服务的根本宗旨和逐步实现共同富裕的目标要求，深刻揭示了实现更高质量、更有效率、更加公平、更可持续发展的必由之路，是马克思主义发展理论的又一次重大创新。

在中国特色社会主义的道路自信、理论自信、制度自信的基础上增加一个维度，提出"文化自信"新思想。文化自信的核心是对马克思主义的坚定信念。马克思主义理论不仅仅是属于某个国家的文化现象，还是属于全世界无产阶级的世界观、方法论。对当代中国文化建设来说，马克思主义和儒学并不是外来文化和传统文化的关系，只有经过马克思主义鉴别、吸收、拯救的中国传统文化才能焕发生机……

创造性地提出符合时代潮流的"人类命运共同体"的新导向。当代人类生活在一个相互依存、相互促进的地球村，既有共同的发展机遇，也面临着诸如金融动荡、生态危机等全球性问题的挑战。"人类命运共同体"思想符合当下和今后的时代潮流，是促进不同文明、不同发展模式之间交流对话，在竞争比较中取长补短，在交流互鉴中共同发展的价值理念，是中国首次提出的变革全球治理体系，建立新的国际秩序，营造公道正义、共建共享安全格局的具有全球性的人类解放的战略构想。[①]

以习近平同志为核心的党中央，在运筹中华民族伟大复兴的宏大战略。"一带一路"突破了现有的经济格局，不亚于当年的丝绸之路；亚投行的建立，是对国际金融体系的重大突破，中国的发言权逐步增大；亲诚惠容的外交政策，增强了中国的国际影响力。一个梦想、两个百年、四个全面以及五大理念，习总书记运用这些整体性的重大理论创新，指引我们伟大民族走向复兴。

党的十八大以来，以习近平同志为核心的党中央励精图治、开拓创新，一系列新理念新思想新战略相继推出。我们正在进行具有许多新的历史特点的伟大斗争。

实现中华民族伟大复兴的中国梦，集中表达了中华民族共同的心声，展示了海内外同胞的共同愿景。

全面建成小康社会、全面深化改革、全面依法治国、全面从严治党，"四个全面"战略布局确立了新的历史条件下党和国家各项工作的战略目标和战略举措，是我们党在新形势下治国理政的总方略，是事关党和国家长远发展的总战略。

---

① 刘同舫：《开创中国特色社会主义理论体系新境界》，载《学习时报》，2016-09-26(4)。

创新、协调、绿色、开放、共享，五大发展理念回应经济新常态的要求，成为引领经济、政治、文化、社会、生态文明五位一体建设的新航标。

确立新时期强军目标，政治建军、改革强军、依法治军、从严治军，锻造维护国家安全的钢铁长城。

"一带一路"、人民币"入篮"、打造人类命运共同体、完善国际治理体系，中国在国际舞台上频频亮相。

蓝图已经绘就，战略已经推出，发令枪已经响起，新的征程已经开启。

现在许多专家在研究 21 世纪马克思主义，习近平总书记系列重要讲话就是 21 世纪马克思主义发展的重要体现和重要成果。学习习近平总书记系列重要讲话就是要不断提高马克思主义理论水平，保持对远大理想和奋斗目标的清醒认识和执着追求，教育引导党员干部把学习成果转化为提升党性修养、思想境界、道德水平的精神营养，做到真学、真懂、真信、真用，牢牢占据推动人类社会进步、实现人类美好理想的制高点。

二、 坚持理论学习问题导向

问题是时代的声音。马克思指出，对于一个时代来说，主要困难不是答案，而是问题。在理想教育中，我们要给党员干部认识问题和解决问题的科学方法，关注新问题、切准"真问题"、聚焦大问题。同时也要以新的视角，重新审视已有问题，返本以求开新。

一般讲，问题有四类：第一类，知识库中无法找到，是史无前例的、填补空白的、开创性的；第二类，对已经经过大量研究的问题给予新的解释，或者采用新的方法，对一个旧问题进行再研究；第三类，随着社会发展，研究的问题发生了新的变化，原来的理论已经不能有效解释已经发生变化的问题；第四类，解决问题的方法，以及问题本身也是一个问题。有实效的教育，不仅取决于具有问题意识，更取决于从何处发现问题，怎么找准问题和怎么回答问题。

"当前有三类问题尤其值得关注：长期困扰我们、一直未能得到有效解决的难点问题，党员干部和广大群众普遍关心的热点问题，刚刚露出苗头的倾向性、趋势性问题。"①

---

① 虞云耀：《突出问题导向》，载《中国组织人事报》，《建设党建高端智库　服务党的事业发展——"学习贯彻习近平总书记重要批示精神　建设党建高端智库座谈会"发言摘登》，2016-06-15 (6)。

问题是理想教育的先导。党性教育要树立问题意识，强化问题意识。问题意识是一种积极的思维方式，说明对理想教育有很深的思考。发现问题、提出问题、直面问题、研究问题、回答问题、推动问题解决。

理想教育开始于问题，又阐明问题。其价值作用就在于科学回答问题。理想教育要从实际需要出发，与热点面对面，与党员心贴心，善于回答疑惑，耐心解答疑问。回答胜于回避，一味回避是掩耳盗铃。只有直面问题，做出有的放矢的回答，才能解疑释惑。

事实证明，在理想教育中，一个好的问题比一个好的结论更为重要。问题中蕴含着理想教育的广阔空间，问题中蕴含着党员思考的强大驱动，问题中蕴含着发展的内在要求。因此我们要从党员学习中提出和发现问题，从理论上深入研究和解决问题，在互动参与中增强党性锻炼共识。这种共识不仅要体现在思想上，也要反映在情感上，激发问题兴趣，激发学习热情，展现真理力量，展现核心价值体现的人文力量。情通理顺，入情入理，春风化雨，润物无声，理想教育才能入耳、入脑、入心。

能够分析解决问题，当然甚好；尚无解决之策，只要能提出问题、发现问题也非常好。后者比前者更具有前提性，也更重要。因此，在理想教育中，重中之重的是要以对理想教育规律的深刻研究对现实问题进行把握，以理性的思维和独到的视角发现问题、提出问题、解决问题。特别要找准理想教育与党建实际的结合点，以敏锐的眼光发现问题，以辩证的态度提出问题，以科学的方法分析问题，以正确的理论指导解决问题。

目前理想教育现状缺乏问题意识。对理想现状不了解、不研究，对存在问题或视而不见、熟视无睹，或遇到问题绕着走，或漠视排斥、采取鸵鸟战术，或左顾右盼，举起套话、空话、官话盾牌。如此下去，小问题会变成大问题，更大问题还在后面，以致形成顽症。

理想教育需要树立这样的理念：发现问题是好事，解决问题是大事，回避问题是蠢事，没有问题是坏事。

理想教育强调问题导向，关键是对党员干部正确评价。"70后""80后""90后"党员干部个性之突出、信息之灵敏、求知欲之旺盛，都是我们所不及的。特别是他们获取知识的能力、融合的能力、思考的能力都比我们强得多。

坚持理想教育问题导向，需要突出现实性。坚持以正在做的事情为中心，强化问题意识、问题导向，对准目前瓶颈和短板进行学习研究。**精准发力**，牢牢聚焦党性教育现实中的深层次矛盾和问题，瞄着问题去、追着问题走，把问题想在前面，千方百计破瓶颈、补短板、解难题。

坚持理想教育问题导向，需要突出针对性。理想教育的落脚点是解决党员干部的思想问题，学习重点就是信仰、做人、责任、创新，这四个问题是当前理想教育的四个落脚点。

坚持理想教育问题导向，需要突出实效性。就是要从实践破题，拿实践论证。实践最有说服力，事实是最硬的道理。理想教育要善于用事实说话，用典型案例说话，用生动故事说话，用党员干部切身感受说话。把抽象变形象，把概念变事实。说服胜于说教，运用真理的力量、逻辑的力量，析事明理，使道理鲜活而不苍白，生动而不呆板，亲切而不生硬，增强党员对党性理论的理解和认同。

坚持理想教育问题导向，需要突出感染性。注重实践、现实验证力量，可采用比较法，在环境与主题、目标与现实、方向与途径、纵向与横向等维度进行比较，帮助党员分析问题，理解我们的发展阶段，理解我们的共同理想。在塑造对马克思主义信仰的情感时，可运用体认与感染的方法，加深对马克思主义的科学性、实践性理解。在接受与认同的方法论上，不是一个单向灌输的问题，不是一个由个体向意识形态靠拢的简单过程，"反思的平衡"感同身受，可以给我们提供借鉴。

坚持理想教育问题导向，需要一批具有马克思主义理论素养的高水平的教师队伍。作为教师，不能把自己定位于一名学科专家，要努力成为适应时代的政治家、教育家。政治家的定力体现在鲜明的政治意识，坚定的政治立场上；体现在敏锐的大局意识，坚定的政治方向上；体现在强烈的阵地意识，坚守政治操行上。

理想教育坚持问题导向的根本目的在于，把我们的党员干部培养成为马克思和恩格斯所期待的"为了实现理想""而具有实践力量的人"。善于把看似常规的认识问题化，把朦胧的感觉清晰化，把感性的认识理性化，把分散的观点结构化，把内在的心得外在化。

"中华民族在长期实践中培育和形成了独特的思想理念和道德规范，有崇仁爱、重民本、守诚信、讲辩证、尚和合、求大同等思想，有自强不息、敬业乐群、扶正扬善、扶危济困、见义勇为、孝老爱亲等传统美德。中华优秀传统文化中很多思想理念和道德规范，不论过去还是现在，都有其永远不褪色的价值。"①

因此理想教育"不仅要有当代生活的底蕴，而且要有文化传统的血脉。'求木之长者，必固其根本；欲流之远者，必浚其泉源。'中华优秀传统文化是中华民族的精神命脉，是涵养社会主义核心价值观的重要源泉"②。党性教育中要正确理解红色文化与传统文化的关系。传统文化是根，红色文化是本；传统文化是源，红色文化是流。历史不能被隔断，红色文化需要历史启迪，需要从传统文化这部历史教科书中，汲取继往开来的力量，坚定对传统文化的自信。

三、 提升思想政治素质

理论学习的目的在于提升思想政治素质、增强政治敏锐性和政治鉴别力。越是形势复杂，越要保持头脑清醒，大事面前不糊涂，关键时刻不动摇。提倡什么，允许什么，限制什么，反对什么，都要从政治全局来考虑。中央要求领导干部要成为社会主义政治家。政治家不是政客，政治家必须具有马克思主义政治理论、政治品格、政治胆略、政治信仰。而政客没有终身追求，搞实用主义，应付眼前，功己罪人。原苏联共产党领导人利加乔夫到中国访问，谈了苏联共产党垮台的教训：第一个教训，苏共后来选干部只选业务素质好的，不考虑干部政治取向和政治立场，一旦政治风浪来了他就摇摆不定；第二个教训，苏共政治局几乎从来不讨论意识形态问题，对谩骂、丑化、歪曲共产党的言行材料从来不加以制止，强调所谓的透明度，成为在野党的时候才知道政治意识形态的重要性。

历史经验告诉我们，任何时候、任何情况下，思想政治工作这个政治优势都不能丢，而且越是形势好，越要重视和加强思想政治工作。党员干部"要率先垂范，积极主动地开展思想政治工作。要经常分析研究思想政治领域的形势，帮助解决工作中的实际问题……要深入调查研究，不断深

---

①② 习近平：《在文艺工作座谈会上的讲话（2014 年 10 月 15 日）》，载《人民日报》，2015-10-15（2）。

化对思想政治工作规律的认识，增强工作的原则性、系统性、预见性、创造性"①。

我们要善于做思想政治工作。做思想政治工作是我们党的干部的一项基本功，是我们党的一大优势。现在有的地方和单位不重视思想政治工作，把思想政治工作看作可有可无，当作摆设。党的思想政治工作有句话说得很到位：说服力就是凝聚力，导向权就是领导权。这句话把思想政治工作的地位、作用说透了。思想政治工作的影响力、辐射力和竞争力是党的执政能力的重要体现。我们现在没出事，我们也不希望出事，如果一旦出了些政治性的乱子，我们会不会做思想政治工作，我们能不能驾驭复杂的局面，这是最令人担心的。

习近平总书记在新进中央委员会的委员、候补委员学习贯彻党的十八大精神研讨班开班式上发表重要讲话，指出：共产党员特别是党员领导干部，要做共产主义远大理想和中国特色社会主义共同理想的坚定信仰者和忠实实践者。我们既要坚定走中国特色社会主义道路的信念，也要胸怀共产主义的崇高理想，矢志不移地贯彻执行党在社会主义初级阶段的基本路线和基本纲领，做好当前每一项工作。

提升党员干部的思想政治素质，需要我们研究把握马克思主义信仰标准。

马克思主义信仰标准有三个考量方面：

1. 坚持唯物论，摒弃有神论——马克思主义信仰的思想标准。

唯物论的基本观点：第一，世界是物质的。列宁说，物质是标志客观实在的哲学范畴。这种客观实在是人们通过感觉感知的，它不依赖于我们的感觉而存在，为我们的感觉所反映。第二，世界的物质是运动的，物质、运动、时间、空间具有统一性。从根本上讲，世界上除了运动的物质，什么也没有。第三，物质的运动具有规律性。

2. 坚持道路、理论、制度、文化自信——马克思主义信仰的政治标准。

---

① 李长春：《以改革创新精神加强改进思想政治工作　为推动党和国家事业发展提供有力的思想保证和精神力量》，载《人民日报》，2009-12-17(2)。

要坚持中国特色社会主义道路自信、中国特色社会主义理论体系自信、中国特色社会主义制度自信和树立强烈的文化自信。

马克思主义信仰的政治标准表现在共产党员的行为上是讲诚信、懂规矩、守纪律。

3. 坚持为绝大多数人谋利益——马克思主义信仰的人生标准。

过去的一切运动都是少数人的或者是为少数人谋利益的运动。无产阶级的运动是绝大多数人的、为绝大多数人谋利益的独立的运动。

毛泽东同志关于马克思主义信仰人生标准的经典论断是：一个人的能力有大小，但只要有这点精神，就是一个高尚的人，一个纯粹的人，一个有道德的人，一个脱离了低级趣味的人，一个有益于人民的人。

共产党员信仰马克思主义的客观标准是：坚持全心全意为人民服务；吃苦在前，享受在后；勤奋工作，廉洁奉公；为理想而奋不顾身去拼搏、去奋斗、去献出自己的全部精力乃至生命。

第五讲　经常开展党性教育

全球化、市场化的深入发展给党性教育带来了新机遇、新挑战。中国从过去融入世界到今后引领世界，所需的骨干人才不仅要关心中国，也要关心世界，要具有全球视野和国际竞争力。

新形势、新情况对党性教育提出了新要求、新目标，改变着现行的党性教育教学模式、课程结构体系和教育组织形式。

一、 提高对党性教育的认识

中央纪委在2016年初召开的十八届中央纪委六次全会上强调，党性教育是共产党人的"心学"，是党员正心修身的必修课。党要管党、从严治党，必须坚持高标准在前，以德为先，既发挥道德感召力，又强化纪律约束力。广大党员向着高标准努力，心存敬畏和戒惧，就能坚守纪律，永葆党的先进性和纯洁性。习近平总书记在《之江新语》中强调，我们的祖先曾创造了无与伦比的文化，而"和合"文化正是这其中的精髓之一。这种"贵和尚中、善解能容、厚德载物、和而不同"的宽容品格，是我们民族所追求的一种文化理念。自然与社会的和谐，个体与群体的和谐，我们民族的理想正在于此，我们民族的凝聚力、创造力也正基于此。面对党风廉政建设的新形势、新情况、新任务，我们必须坚持党要管党、从严治党，切实加强党性修养。

党性是信仰，是修养，也是锻炼。没有马克思主义的信仰，没有社会主义和共产主义的信念，党性锤炼就会失去精神支柱。从马克思主义辩证唯物论来看，任何事物不管是自然界的事物，还是人类社会的事物，都经历过各种不同性质的量变和质变。人们对客观存在、客观事物的认识，也都有一个由渐变到突变的过程。党性修养的目的是提高思想觉悟。

　　唯物主义的认识论认为，人的认识最初总是零散的、片面的、局部的、不完整的、不系统的，是感官的、感觉的、主观的东西，能否符合客观实际，唯有靠实践。党性修养的方法是靠实践锻炼。实践是检验真理的唯一标准。只有从实践中来，又回到实践中去，循环往复，才能从感性认识进步到理性认识，从主观真理进步到相对客观真理。这就是马克思主义讲的认识论。

　　人的认识是由浅入深、由粗到细、由表及里、由外而内这样一个反复来回、螺旋式上升的过程。毛泽东同志说过，人的正确认识从哪里来？人的正确思想只能从社会实践中来，只能从生产斗争、阶级斗争和科学实验这三项实践中来。他还指出，人们的社会存在决定人们的思想，而代表先进阶级的正确思想，一旦被群众所掌握，就会变成改造社会、改造世界的物质力量。辩证地讲，我们的认识是能动的革命的反映论。实践是认识的来源，实践是认识发展的动力，实践也是认识的目的。我们不但要认识世界，我们还要改造世界。这就是马克思主义所讲的实践论。

　　正如认识是无穷无尽的一样，实践也是一个常做常新的课题。实践、认识、再实践、再认识，是永远在路上的事情。我们过去讲，思想是行动的先导。现在流行说，思路决定出路。

　　党性修养要落小、落细、落实，空谈误国。一打纲领不如一个实际行动。传统文化强调天人合一、知行合一、修齐治平、家国同构，这里面都包含有理论与实践相统一的理念。

　　党性修养既要有思想觉悟，更要有实践锻炼，既要听其言，更要观其行，并且要行胜于言。党性修养是理论与实践的统一，是主观与客观的统一，是知与行的统一。党性修养要抓常抓长，要真管真严、长管长严。

二、　明确党性教育的内容

　　党性教育的目标是使党员干部在政治风浪面前经得住考验，始终保持政治清醒坚定，始终保持马克思主义信仰，始终保持高尚的道德情操，始终保持共产党员本色。

　　1. 信仰教育。

　　信仰是指人们对某种主张或主义的高度相信和遵循，并以此作为自己的行动指南。

"对马克思主义的信仰，对社会主义和共产主义的信念，是共产党人的政治灵魂，是共产党人经受住任何考验的精神支柱。"

我们干事业不能忘本忘祖、忘记初心。我们共产党人的本，就是对马克思主义的信仰，对中国特色社会主义和共产主义的信念，对党和人民的忠诚。我们要固的本，就是坚定这份信仰、坚定这份信念、坚定这份忠诚。①

马克思主义信仰是一个包含政治信仰和人生信仰的信仰体系，包括世界观、人生观、价值观的一系列问题。

习近平同志指出："党性说到底就是立场问题。我们共产党人特别是领导干部都应该心胸开阔、志存高远，始终心系党、心系人民、心系国家，自觉坚持党性原则。"在新的历史条件下加强党性修养，核心是不断增强"四个意识"。

增强政治意识，就是要把好政治方向、站稳政治立场，对党和人民绝对忠诚。增强政治意识，要求把好政治方向、站稳政治立场，提高政治敏锐性和政治鉴别力。坚定理想信念，坚定不移走中国特色社会主义道路，这就是中国共产党人的政治方向。有了正确的政治方向，才能在大是大非面前立场坚定、旗帜鲜明，在各种政治风浪面前处变不惊、头脑清醒。全心全意为人民服务是我们党的根本宗旨，党除了工人阶级和最广大人民的根本利益，没有自己的特殊利益。这就是中国共产党人的政治立场。习近平同志强调："人民对美好生活的向往，就是我们的奋斗目标""始终把人民放在心中最高位置""各级干部无论职位高低都是人民公仆、必须全心全意为人民服务"。坚持正确政治立场，克服前进道路上的各种困难和风险就有了最大的底气。打造坚强领导核心，要求广大党员干部增强政治意识，做政治上的明白人，解决好从哪里来、向哪里去，忠于谁、代表谁、服务谁这个世界观、人生观、价值观的根本问题。

---

① 习近平：《在全国党校工作会议上的讲话（2015年12月11日）》，载中国共产党新闻网，http://cpc.people.com.cn/n1/2016/0501/c64094-28317481.html。

增强大局意识，就是要自觉贯彻落实党中央的决策部署。大局意识主要是指心中有全局，在大局下行动。党员干部必须自觉站在党和国家的全局想问题、办事情，自觉把本地区、本部门的工作放到全党、全国改革发展的大局中考量和谋划，不能片面强调本地区、本部门的利益，不能只顾眼前利益而不顾长远利益。要克服本位主义，坚决贯彻执行党的路线方针政策，做到政令畅通、令行禁止，全国一盘棋。坚定不移地推进各项改革，勇于突破利益固化的藩篱，为了全局利益和长远利益不惜牺牲局部利益和眼前利益，做改革的促进派和实干家。结合本地区本部门本单位的实际做好有利于大局的具体工作，是每一名党员干部的责任担当，也是党性强的表现。打造坚强领导核心，要求广大党员干部牢固树立大局意识，自觉从大局看问题，做到正确认识大局、自觉服从大局、坚决维护大局。

增强核心意识，就是要加强党的领导、维护党中央权威。核心意识有两层含义：一是中国人民和中国特色社会主义事业的领导核心是中国共产党，必须充分发挥党总揽全局、协调各方的领导核心作用；二是党中央是全党的核心，必须加强党的团结、维护党的集中统一。近现代中国发生了两个影响中华民族历史命运的关键选择：历史和人民选择了中国共产党和社会主义；改革开放以来，中国共产党和中国人民选择了中国特色社会主义道路。这两个选择是中国人民意志和愿望的体现，是中华民族的根本利益所在。我国宪法以根本大法的形式明确了必须坚持党的领导，改革开放的实践证明了党的领导是中国特色社会主义最本质的特征。我们党是按照民主集中制组织起来的统一整体，党的最高领导机关是党的全国代表大会和它所产生的中央委员会。党中央团结凝聚各方面力量，协调好各方面意见，集中好各方面智慧，在充分发扬民主的基础上作出科学决策。打造坚强领导核心，就要增强党员干部的核心意识，坚持党的领导不动摇，维护党的集中统一不含糊。

增强看齐意识，就是要在思想上政治上行动上同党中央保持高度一致。我们党在革命、建设、改革的风雨历程中形成了一条基本经验：党的事业要发展，理论和路线方针政策正确是最重要的、第一位的；

有了正确的理论和路线方针政策，还要团结统一、步调一致，这样才能赢得胜利。党员干部要经常、主动向党中央看齐，向党的理论和路线方针政策看齐。向党中央看齐，就是听从党中央的号令，步调一致。对中央的重大决策部署要结合实际不折不扣地贯彻执行，对中央明令禁止和反对的事情坚决不做，在任何时候任何情况下都做到政治方向不偏、政治立场不变、政治纪律和政治规矩不松。当前，向党的理论和路线方针政策看齐，最重要的是认真学习贯彻习近平同志系列重要讲话精神。习近平同志系列重要讲话蕴含一系列治国理政新理念新思想新战略，是马克思主义中国化最新成果，贯穿着坚定的理想追求和"三个自信"的政治定力，蕴含着对国家前途命运的深刻忧思和强烈的历史担当，饱含真挚的为民情怀、务实的思想作风和科学的思维方法。每一名党员干部都要用习近平同志系列重要讲话精神武装头脑、指导实践、推动工作，始终做到政治上坚定清醒、思想上同心同向、行动上不偏不倚，自觉与党中央保持高度一致。打造坚强领导核心，就要使广大党员干部把看齐意识内化于心、外化于行。①

2. 忠诚教育。

对党要忠诚老实，言行一致。做到"忠诚老实"，就要襟怀坦白、光明磊落、忠于党、忠于祖国、忠于人民。做到"言行一致"，就要对党、对组织、对同志讲真话、讲实话、讲心里话；就要言必信、行必果，以行动验证表达，用实践兑现承诺。

3. 道德教育。

习近平总书记指出，价值观养成十分重要，这就像穿衣服扣扣子一样，如果第一粒扣子扣错了，剩余的扣子都会扣错，人生扣子一开始就要扣好。人生一开始就要学会做人，道德教育要从做人教育入手，以德修身、以德立威、以德服众。用核心价值观教育干部，培养其良好的生活作风和健康的生活情趣，保持其道德品行的纯洁性和先进性。

4. 反腐教育。

用党章党规教育干部，用典型案例警示干部，增强党员干部在是非面

---

① 虞云耀：《不断增强"四个意识" 打造坚强领导核心》，载《人民日报》，2016-06-30(7)。

前的鉴别能力、诱惑面前的自控能力、警示面前的醒悟能力，防微杜渐、拒腐防变。

当今社会机会很多，诱惑很多，漏洞很多。一个领导干部，要想以权谋私是很容易的事；要想洁身自好，则需要时时警惕、严防死守，倒是件不容易的事。特别是那些处在实权部门、要害岗位的干部，只要想要，几乎能得到自己想要的任何东西。因此领导干部必须管好自己，时时自警、自省、自戒、自律。任何教育都代替不了自我教育，任何法律纪律都代替不了自律，对干部来说，最关键的防线是自律。

当干部必须明白一个道理，想当官就别想发财，想发财就别想当官。君子爱财取之有道。不能利用职权巧取豪夺，发不义之财；要见利思义，不可见利忘义。在利益面前，该得的未必就得，不该得的千万不能得。一个领导干部要懂得名声与生命、生命与财富、得到与付出的利害关系。过分追求名利，势必要付出更大代价；过多聚敛财富，势必要遭到惨重损失。一个干部一旦走上领导岗位，就如同上了秋千架，务必时时小心，千万不要放松自己，否则一松手，就会被甩出去了，弄不好跌得粉身碎骨。

我们从事党政工作，一言一行都会直接影响到党的形象。我们要带头反腐倡廉，坚决纠正各种不正之风，自觉接受各方面的监督，筑牢思想道德防线，严防商品交换原则侵入政务活动。既要勤政，更要廉政；既要干事，更要干净。堂堂正正做人，踏踏实实干事，清清白白为官。与经济体制改革相比，我国政治体制改革相对滞后。这在一定程度上使得腐败分子有恃无恐，有隙可乘。如果有了像陈毅同志所指出的那样，在政治上有一个或几个"伸手必被捉"的机制在那里，谁还敢伸手？

为什么包括我国在内的许多国家的腐败现象屡禁不止，甚至愈演愈烈呢？关键就在于治理手段大多是加强法制惩戒或道德约束，而没有真正从制度上建立治本之策。

治理腐败需要从各个方面着手，必须是长期而全面的制度性努力，即用制度杠杆调整收益结构，来真正切断腐败的"利益链"。

目前，党风廉政建设成效显著，但形势依然严峻。这几年，我国建设资金投入越来越多，基建规模和物资采购数量越来越大，社会活动越来越频繁，诱发腐败的因素和隐患也越来越多，权钱交易在升级，甚至出现政府权力部门化、部门权力个人化、个人权力商品化的现象。因此我们决不能把公共权力变成部门权力，把部门权力变成个人权力，把个人权力变成个人利益。要坚定理想信念，保持高尚情操，不为名利所累，不为物欲所惑，不为人情所用。

三、 确立党性教育的理念

党性教育要以先进教育理念为引领，以优秀教学团队为支撑，改革接受性学习，扩大研究性学习，增加体验性学习，更新教学内容，改革教学方法，完善质量评价。

1. 课程体系要注重按规律建设。

按规律建设包括正确认识规律，自觉遵守规律，科学驾驭规律。正确认识规律，主要解决"怎么看"的问题，这需要眼光；自觉遵循规律，主要解决"怎么干"的问题，这需要勇气；科学驾驭规律，主要解决"怎么干好"的问题，这需要智慧。

2. 课程体系要注重培养理论思考、比较鉴别能力。

在方法上我们要以多种形式进行教化、训练、实践、体验，根据课程内容特点，突出不同方面。在平实的语言和叙述中，体现理性的深刻穿透力和逻辑的魅力。理论研判，是一番比较、分析、鉴别、遴选、借鉴的功夫，是需要建立在人类文明优秀成果基础上的，不能以狭隘的思维方式来信奉。比如研究沂蒙精神，可从传统文化的视角诠释中国的价值传统，这对于沂蒙精神的认识就会形成很强的逻辑力量和厚重的历史感。党员干部在观念上置身历史长河中就会感同身受，价值教育、道德教育就与情感体验、文化熏陶融为一体。

3. 课程体系要注重贴近思想实际，触摸心灵脉搏。

课程要以权威的专业素养回答党员干部关切的问题，深入其心灵，成为其愿意接受、心悦诚服的主流思想，潜移默化使其认同当代中国马克思主义。

4. 课程体系要注重体现世界眼光，反映全球化、信息化、多元化、多样化的时代特征。

目前我们的党员干部关心的往往是眼前的、身边的、当下的一些具体问题，对全球性重大问题的关注度还远远不够，对今后几十年的发展变革趋势还缺乏明晰认知。面对来自社会的种种诱惑，我们的党员干部在理想追求、价值观念、胸怀视野等方面面临严峻考验。我们的培养目标是具有领导力的未来社会的引领者、开创者、建设者，因此在工具性知识越来越多的当代社会，怎样培养非功利心的人，如何帮助党员干部掌握未来成长最重要的价值和能力，避免人生目标的功利化、庸俗化，是党性教育十分重要的课题。

5. 课程体系要科学设计。

在整体规划课程内容体系框架内，科学设计各层次、各类型的课程内容。核心价值观是课程体系的灵魂，要融贯到教材、课堂、活动各个层面；在理想信念教育板块中，可展开马克思主义指导思想，确立马克思主义论述，展开理想追求的论述；在道德教育板块中，突出优秀传统文化内容、修身做人内容，包括做人内涵、做人为本、做人标准、做人境界、做人人品、做人精神、做人修养、做人目标，把优秀的人性、优秀的德性升华为党性，引导党员干部努力成为新时期合格的共产党员。

党性教育，是态度、情感、信仰、价值观的教育，因而旗帜鲜明讲政治、形成判断评价能力，就不只是接受，而是培养增强判断意识、大局意识、看齐意识。

面对社会环境的高度不确定、复杂、模糊和快变性，党性教育要更加关注培养党员干部的政治素养、政治智慧。政治素养需要熏陶和滋养，政治智慧需要感悟和启迪。要创设条件和环境，营造氛围和文化，实施研究导向型教学。即一门课程要从解决问题入手，通过课内外学习研究和实践去解释现象，回答问题，应对挑战，帮助党员提高政治修养，增强政治智慧。

四、 突出党性教育的特色

党性教育课程体系一定要有特色，不能片面求大、求全。人无我有，人有我优，人优我精，人精我高。不求大、不求全，只求不可替代。特色是以小胜大，以弱胜强的突破口；特色是异峰突起，出奇制胜的切入点。特色就是质量，特色就是水平。有特色才能上水平，有特色才能有生命力。

突出党性教育特色，需要做好以下三项工作：

1. 思路要明确，态度要坚决。

特色说起来容易，做好很难。人们最熟悉的往往也是最陌生的、最应该做并要做好的，但往往又是最难做并难以做好的。

2. 追求一流和卓越。

课程体系要准确定位，安于定位。坐标系的横向坐标是类型，纵向坐标是层次，课程体系要在这两个坐标中找到一个交会点，并在这个交会点的区域内追求卓越。课程体系的特色定位有三个概念：类型、层次、水平，核心是水平。

3. 既有所作为，也要舍得有所不为。

现在谈论党性教育，很少有人提到有所不为、有所少为，相对多地讲"有所为"，是在做增量，皆大欢喜。"有所不为、有所少为"需要做减量，需要调整、舍弃、改造、提升，容易得罪人。因此，对那些不符合课程体系定位的教育资源，要敢于放弃，避免有效资源浪费，使教学特色更鲜明、优势更突出。

五、 重视教学话语体系转换

语言是人类文明世代相传的载体，是相互理解的钥匙，是文明交流的纽带。教学话语体系需要用生活化语言、通俗易懂的语言开展教学，用探讨式、研究式语言进行交流。

教学话语体系转换要高度重视故事教学方法。故事是信息，也是文化，更是生活。"天边不如身边，道理不如故事"，要让马克思讲中国话，让专家讲老百姓的话。学会讲故事，要挖掘红色资源，学会就地取材。美好的故事要有根有据、有血有肉、信息量大、含金量高。讲故事要形象生动，有细节、有情感。钢铁般的真理，也得有诗一般的语言表达，才能感人肺腑、打动人心。美好的故事是心灵与心灵的沟通，灵魂与灵魂的交融，人格与人格的对话。美好的故事一定是向上的，美好的故事一定是向善的，美好的故事一定是向美的。

第六讲　确立做人目标

在中国，做人是一门大学问，是贯穿人生的一大主题，也是对人进行道德评价的一个根本尺度。如果一个人不会做人，不忠不孝、不仁不义，势必成为国人不齿的败类。

做人，是中国文化中最重要的伦理道德观念，反映了一个人为人处事、待人接物的态度、原则、智慧和品格。它在形成中华传统文化、维系社会良好秩序中发挥了重要作用。

德国哲学家康德说，有两种东西，我们越是时常反复地思索，越是在心中灌注了永远新鲜和不断增长的赞叹和敬畏：头上的星空和我心中的道德法则。康德所说的"心中的道德法则"，就是对高尚道德的敬畏和赞许。道德问题是做人的首要问题。"百行以德为首"讲的就是这个道理。

做人决定做官，人品决定官品。好人不见得都是好官，但好官肯定是好人。一个人品不正的人，不可能成为好官，即使权势再大，缺乏人格力量，也不能为人信服。

一、认识做人内涵

汉字中"人"字最好写，现实中"人"字最难写，因为"人"字大如天。"大写的人"，应当具有健全的人格，表现出好品行、好修养、高智商、高情商，具备孝顺、善良、包容、真诚的基本素质。我们应当做怎样的人？为什么要做人？做了又怎么样？做不了又怎么样？这是人生永恒的话题。

做人就是依据一定的社会规范，按照他所承担的社会角色恰到好处地做人做事。道德规范是最基础的做人标准，在道德规范下，每个人形成了道德理想和道德良知。有道德理想，就会知道什么是光荣，应该去做什么。有道德良知，就会知道什么是耻辱，不应该去做什么。学会做人，就要坚守道德良知，守住人类道德底线，守望人性本质光辉。

在中国人看来，人生在世做人是第一位的。《资治通鉴》指出，才是德的基础，德是才的统帅，德才兼备是"圣人"，无德无才是"愚人"，德胜才是"君子"，才胜德是"小人"。

古今中外优秀人才的成长表明：做人是魂，做事是根；做人是主导，做事是基础；做人是价值理性，做事是工具理性；做人是方向目标，做事是方法手段。

做人要宽厚包容，做人要知恩感恩，做人要真诚真实，做人要胸怀宽广，做人要助人为乐，做人要与人为善，做人要以诚为本。

今天的事立刻去做，明天的事准备去做，困难的事勇敢去做，复杂的事细心去做，不会的事学着去做，集体的事带头去做，自己的事抽空去做。

有条真理：一切成功是做人成功，一切失败是做人失败。做人成功，做事不成功是暂时的；做人不成功，做事成功也是暂时的。有位著名企业家讲："人都做不了，还做什么事？只能做坏事，只能害人。"有位著名艺术家说："三分演戏七分做人。"这些都是饱含哲理的至理名言。

二、 以做人为本

学会做人是立身之本，学习知识只是服务社会的手段。前者的学习是根本性的，后者的学习是工具性的。重智轻德，忽视人的思想品德塑造，必然导致片面发展。按照片面发展理念培养出来的人，必然会有智商、没有智慧，有知识、没有文化，有文化、没有修养，有欲望、没有理想，有目标、没有信仰。一个人学习不好是次品，身体不好是废品，品德不好就是危险品，是对社会的潜在威胁。要成才，先成人；不成人，宁无才。有德无才要误事，有才无德要坏事。成小事要靠业务本领，成大事要靠思想品德和综合素质。道德人格和思想品质比专业技能学习、谋生手段训练、竞争能力培养更重要。一个堂堂正正的人可以做任何事情，一个工具化的人只能机械完成一件事。人品第一，学问第二；文品第一，文章第二。

社会发展告诉我们，今天危及人类生存的问题，没有一个是工具理性不够发达造成的，相反，它们的根源都是价值理性问题。价值理性的贫乏已经严重威胁到人类的存在。如果回避价值理性，依靠工具理性，必然导致功利人生。其结果必定是做人的残缺，社会的倒退。

世界一流大学都高度重视做人要求。闻名世界的斯坦福大学要求"前两年不分专业，不管你兴趣在哪里，都必须选修一门为期一年的课程：'文化、观念和价值观'。在这门课上，不仅学习西方传统经典（柏拉图、笛卡尔、马克思等），而且接触世界其他文化的代表人物与经典著作（例如中国的孔孟之道）。课程围绕'人何以为人'这一主题展开，无论学生将来选择什么专业，都必须首先回答这个问题。斯坦福大学前两年教育的目的是希望学生懂得'做人第一，修业第二'……"①

三、 明白做人标准

做人有一套循序渐进的标准。第一步，做好人和善人，不要做坏人和恶人。第二步，做君子，不做小人，就是做有学问有道德的人。第三步，做志士仁人，要志向远大、胸怀天下、意志坚强，也就是今天我们所说的英雄模范人物。第四步，做圣人贤人，具有大智大德、大义大勇，担当大任、成就伟业、治国兴邦、造福天下，成为立德、立功、立言、流芳千古的伟大人物。具体讲，大公无私是圣人，公而忘私是贤人，先公后私是善人，公私兼顾是常人，私字当头是小人，假公济私是痞人，以公肥私是坏人，徇私枉法是罪人。根据做人道理，我们应当提升常人，提倡善人，学习贤人，向往圣人。我们的干部做人应有更高的目标和追求，不但要做一个好人、善人，还要立志成为当今时代的仁人志士和圣人、贤人。

几乎每个人都不可能不受到市场经济的影响和干扰，有受益者，自然也就有受害者，而危害性最大的是那些戴着正面人物面具而心术不正的小人、恶人。随着市场经济的成熟、文明的进步，善人、好人会越来越多，但绝不都是清一色的正面人物。观察人就是要分清是善人还是恶人，是好人还是坏人，是君子还是小人。

我们在人生经历中，不少人都遇到过小人、恶人。在这个世界上，有君子就有小人，有善人就有恶人，我们不可能让小人和恶人绝迹，但对他们必须高度警惕、严加提防，绝不能放纵他们，尤其不能让小人得志，让

---

① 杨福家：《科学与文史》，载《文汇报》，2012-08-15(5)。

恶人得到重用。

简言之，做人有四个层次的标准：好人、君子、伟人、圣人。好人把自己的一生留在人们的口碑里，君子把自己的人格留在人们的故事里，伟人把自己的功绩留在人们的记忆里，圣人把自己的形象留在人们的灵魂里。

四、 实现道德境界

学会做人，重要的是实现崇高的道德境界。人生有四个层次的境界：第一个层次，做能够自立的人，帮助自己做事；第二个层次，做有情义的人，帮助熟悉的人做事；第三个层次，做有道德的人，帮助陌生人做事；第四个层次，做有信仰的人，帮助国家、民族乃至世界做事。人生追求的最高境界是心灵的自由和美好。少年时多一些幻想，青年时多一些尝试，中年时多一些淡定，老年时多一些厚重。

冯友兰先生提出著名人生四境界学说，最低是自然境界，高一点是功利境界，再高一点是道德境界，最高是天地境界。人与动物一样，延续种族后代存在，这是自然境界；人还有功名追求，建功立业、出人头地，这是功利境界；不仅要知道为自己好，还要知道为别人好，这是道德境界；与大自然融为一体，全身心奉献，这是天地境界。

五、 培育做人品格

人品是做人的保证。有了好人品，做人才有底气，做事才有硬气，做官才有正气。稳定的价值标准和一贯的行为准则，是一个人世界观、人生观、道德观的综合体现。在人的所有素质中，人品是第一位的素质，人品更具有基础性、贯穿性、真实性、可靠性，更能说明一个人的本质。一个人的知识能力不够，可以补充提高，而人品一旦定型了，改起来很难。如果人品靠不住，其政治立场、政治态度都是不可靠的、不可信的，随时都会起变化。人品有问题，他可能对社会、对组织、对任何人都会产生危害。

我们党选拔干部历来主张以德为首，然而德是一个非常宽泛的概念，包括政治态度、思想修养、政策水平、道德情操、人品人格、工作作风等多项内容。对德的认识历来见仁见智，对不同的人有不同的侧重，不同时期有不同倾向。领导看干部往往突出政治，首先考虑的是其政治态度、政治站队，是不是听话、能不能同上级保持一致；群众看干部往往更侧重人品道德，看其对待群众的态度，是不是为群众着想做好事。

选拔干部必须把人品放在第一位。在注重人品的基础上再去讲政治、讲水平、讲业绩。干部的良好人品可以产生巨大的吸引力、感召力、凝聚力和影响力。当前干部队伍中弄虚作假、吹牛拍马、以权谋私等不良风气的滋生蔓延，同干部考评中忽视人品有很大关系。

有人认为人品是一种虚的东西不好考评，其实不然。具体地说，人品就是人们在评价某人时所说的忠还是奸、真还是假、正还是邪、善还是恶、公还是私、美还是丑。一个人的人品必然会贯穿到其做人、做事、做官的方方面面，反映在其家庭生活、工作态度、社会活动一切领域中。周围的人心知肚明，自有公论。

六、 追求做人精神

当代社会，人们多崇尚物质、技术和功利，物质追求与精神追求失衡，物质追求占统治地位。有人说话很物质，有人走起路来很物质，有人笑起来很物质，物质多多，诱惑多多，失去也多多。如此发展下去，人就会精神匮乏、道德沦丧、心灵枯竭、人格低下，成为没有精神生活和情感世界的动物。市场经济自然要向钱看，但不能一切向钱看，不能把精神物化，不能把道德一概抛弃。

目前，社会上滋长出一种不容乐观的情绪，觉得越干越没劲，越干越迷茫。没钱的人想挣钱，挣不到钱很难受；有钱的人不再为钱发愁，结果更空虚、更难受，更不知该干什么。活着没意思，死了也没意思；结婚没意思，不结婚也没意思；干活没意思，闲着也没意思。没有理想信念，没有精神追求，人生迷茫，思想困惑。

其实，我们每个人都生活在三个世界里，即物质世界、精神世界、情感世界。物质世界中，人们追求的是一种富裕；精神世界中，人们追求的是一种自由；情感世界中，人们追求的是一种温暖。物质是基础，情感是依靠，精神是支柱。

人活着要靠物质支撑，但怎样去活，更要靠精神支撑。人生追求无非两种：一种是追求物质，一种是追求精神。古希腊哲学家柏拉图说过，追求物质，就是追求平凡，追求精神，就是追求神圣。在物质日益丰富的今天，我们不仅要往口袋里装东西，更要往脑袋里装东西。因此，要看淡人生，淡泊名利，宁静致远，营造精神家园，追求崇高精神。

七、 加强做人修养

古代官员讲修身，今天干部讲修养，其中"修"的本意就是自我学习、自我反省、自我修正、自我改造、自我完善。要始终保持"三心"：第一心，学习进取心，向书本学习、向实践学习、向他人学习；第二心，敬畏之心，敬畏天地、敬畏前辈、敬畏领导、敬畏群众；第三心，自省、自律之心，战胜自己的弱点，战胜自己不良的天性，战胜自己的种种奢望和贪欲，不断去追求一种更真、更善、更美的领导境界。一个高水平、高智慧、高境界的领导者，应当具有远见卓识、战略头脑，应当善于审时度势、当机立断，应当助人为乐、宽厚包容，应当严于律己、率先垂范，应当大智若愚、留有余地。

加强做人修养，主要把握好三点：

第一，从小事做起，从身边事做起。

做人道理说起来复杂，做起来简单，就是从修身开始。从小事做起，从身边事做起。由关爱亲人到关爱百姓，再到珍惜万物，使自己成为一个受欢迎的人。

小事反映人品，小事反映人格。在家孝敬父母，在单位尊重同事，在社会热心公益。平凡和伟大之间，没有绝对界限，把每件小事做好就是不平凡。

大家知道富兰克林是美国历史上为人称颂的政治家，其道德品质堪称完美。这得益于他早年养成的自我修养习惯。他从前辈那里梳理出了13种优秀的品德，如节制、静默、果断、谦虚等等。他制作了一个"功过格"，每晚睡前反省，做到的加分，没做到的减分。这样几年后，"功过格"的污点越来越少，而他的道德品行越来越高。一个人的高尚道德是可以修炼成的。富兰克林不是完人，但他朝着好的方向努力，就会比别人有更多的优点。道德修养不是万能的，但一个人没有道德底线，很可能跌跟头，甚至坠入深渊。

一个人一生中经历的大事不多，更多的是小事。我们要善于在日常小事上明辨是非、区别善恶、分清美丑，养成良好的道德品质和行为习惯。对每个人讲，从小事做起、从身边事做起，是一种善行的积累和心灵的净化。

认真做好每件事对你都是一个机会。美国前国务卿鲍威尔是个牙买加血统黑人，他在美国参加的第一个工作是擦地板。他很聪明，找到一种能擦得又快又好又不累的姿势。老板经过长期观察，认为这个黑人青年又聪明又能干，马上提拔起来。鲍威尔在自传中说，他参加工作的第一个经验就是认真做好每件事。

第二，做人要坚守底线，不犯糊涂。

对待权力，有权比没权好，可如果有了小权还想着大权，那你会犯糊涂；对待金钱，它是有用的，可如果把它看作是万能的，那你就会犯糊涂；对待美色，能娶个漂亮老婆当然是好事，可如果看见漂亮女人就心动，甚至想占为己有，那肯定会犯错误。

第三，做人要严于律己。

尽管当干部挣不了大钱，但日子一般也不比人差，还有地位、权力、声誉等别人所没有的东西。因此，要珍惜来之不易的职位，自重自爱、好自为之。如果贪图眼前利益，为了一套房子、一批"外财"，断送自己美好前程，甚至弄得身败名裂、家破人亡，那是很不值得的。

很多干部出身贫寒，经过不懈奋斗，做出过重要业绩。但当一个人的权力大到靠人性本身难以抵御诱惑的时候，如果再没有外部的约束，就会走向反面。

领导干部腐败的沉痛教训警示我们：领导干部掌握权力，面临种种诱惑，稍有不慎就会成为腐败的"俘虏"。市场经济拜金逐利，领导干部犯不犯错误，犯不犯罪，是一念之差、一步之遥，关键在于如何把握自己。如果与社会上的大款比收入、比享受、比排场，心态就会失衡。干部滑向腐败的深渊，往往是从心态失衡开始的，腐化变质是渐进的过程。

我们看到，身边很多人成功过，但只是昙花一现，很快消失，根本原因是缺乏自律，忘记自律。事实证明，人生成功需要很强的自律能力，不能自律的人、我行我素的人、放纵自己的人，迟早要失败的。

八、 明确做好干部的要求

根据党章党规，对做好干部要有更高的要求。

做好干部，要认准目标。目标是什么？目标是对未来的期望和憧憬。法国著名作家雨果说，有了物质，人才能生存；有了目标，人才能生活；选准目标，人才能发展。人生目标是人才成长的灵魂。人生目标有多高，决定我们能攀登多高，人生目标有多远，决定我们能走多远。

人生有无数选择，人几乎每时每刻都在进行选择。选择若正确，受益无穷；选择若错误，抱恨终生。人生就像一盘棋，走错一步就会付出巨大代价，甚至输掉整个人生。

有三个人要被关进监狱三年，监狱长给他们三个人一人一个要求。美国人爱抽雪茄，要了三箱雪茄。法国人最浪漫，要一个美丽的女子相伴。而犹太人说，他要一部与外界沟通的电话。三年过后，第一个冲出来的是美国人，嘴里鼻孔里塞满了雪茄，大喊道："给我火，给我火！"原来他忘了要火了。接着出来的是法国人。只见他手里抱着一个小孩子，美丽女子手里牵着一个小孩子，肚子里还怀着第三个。最后出来的是犹太人，他紧紧握住监狱长的手说："这三年来我每天与外界联系，我的生意不但没有停顿，反而增长了200%，为了表达感谢，我送你一辆劳斯莱斯！"

这个故事告诉我们，什么样的选择决定什么样的生活。今天的生活是由三年前我们的选择决定的，而今天我们的抉择将决定我们三年后的生活。我们要选择接触最新的信息，了解最新的趋势，从而更好地创造自己的将来。[①]

在重大选择关头，必须充满智慧，要仔细权衡、慎重行事，防止"一失足成千古恨"。运用智慧选择人生，要做到四有：

第一，人活着要有主见，不要人云亦云。要有自己的生活信念、自己的价值观，不要活在别人的生活里，不要老是想成为人家。要活出精彩的原创，活出优秀的不可替代的自我。

---

① 费建：《职场人必看的寓言故事》，载《涉世之初》，2007(1)。

第二，人活着要有自己的追求。什么叫追求？追求是进取的心态，追求是执着的信念，追求是付出的过程，追求是成功的基石。人生目标是人生追求的灵魂。追求未必意味着成功，但成功必定要有追求、要有目标。

第三，人活着要有质量，不要好高骛远。生命是一个过程，要体验过程、享受过程，精彩地过好每一天，高质量地过好每一天，立足现实，把握今天。有句话说得到位：最重要的事就是你现在做的事，最重要的人就是现在和你一起做事的人，最重要的时间就是现在。

第四，人活着要有超越。目标意味着超越：超越自己，能激发动力；超越今天，能走向明天；超越小我，能成就大我。目标意味着执着：永不放弃、永不言败。目标意味着奋斗：认准目标、看清方向后就要坚定不移、坚持不懈、坚韧不拔。

人活着要有主见，要有追求，要有质量，要有超越。必须做到求新、求变、多变、快变。变是 21 世纪的主旋律。阿里巴巴的马云说，当我们还没有弄清楚什么是个人计算机的时候，互联网就来了；当我们还没有弄清楚互联网的时候，大数据就来了。世界变化太快，以至于难以追赶。

1997 年，苹果公司广告词中有段对青年人的描述非常精彩：他们特立独行，他们惹是生非，他们格格不入，他们的视角与众不同。他们不喜欢陈规，他们不安于现状，你可以赞成或反对他们、赞扬或诋毁他们，但你不能忽视他们，因为他们改变现状，他们推动人类向前……只有疯狂到以为可以改变世界的人，才能真正改变世界。

我们可能不知道世界未来怎么改变，也不知道未来谁输谁赢，但我们很清楚地知道，不顺应时代改变，只防守而不进攻，人生的目标就会失落，人生的航船说翻就翻。

人生最重要的是什么？是对自己人生目标的期待和渴望。人生一定要有明确的目标，包括短期目标和长期目标。当你定下明确目标的时候，你会进步得很快。

许多人的人生之所以失败，就是因为对自己的人生没有目标要求，总是被命运和生活所左右，不能自主驾驭人生。没有人生目标的人，连自己都不知道自己在做什么，当一天和尚撞一天钟，随波逐流混日子。

选准人生目标非常重要。在大学期间，同学之间没有多大差距，但毕业后五年、十年、十五年，差距就明显拉大。有人功成名就事业辉煌，有人事业平平一事无成。为什么呢？关键是你选没选好自己的发展方向。就像我们登泰山一样，首先要知道泰山的高峰在哪、方位在哪，方向不明，没有目标，你爬不上泰山。

最难走的路是人生之路，既弯弯曲曲又坎坎坷坷。当回顾自己人生所得所失的时候，你会突然发现，从同一起点走过来的我们，为什么人生境遇会有那么大的差别：有人就像郁郁葱葱的参天大树，有人就像矮矮的小草；有人怀抱幸福，有人一片凄凉；有人万人仰慕，有人被人遗忘。为什么同一片天，同一个地，同样的风雨，同样的气候，人生境遇会有那么大不同？关键就是要把握好、选好自己的人生目标。

第七讲　坚定担当社会责任

一、树立以人为本的理念

什么是以人为本？简要讲就是把发展人作为根本前提，把尊重人作为根本准则，把依靠人作为根本途径，把为了人作为根本目的。

回顾历史，东西方社会差距是如何拉开的？很大程度在于对以人为本的态度上。西方很注意研究人，他们把人性研究得很透，他们研究人的目的是为了人、开发人。中国几千年传统社会也很注意研究人，这跟西方没有什么差别，但是我们研究人的目的是控制人、管理人。

中华民族精神的伟大是不容置疑的，但反思历史，确实有时缺乏阳刚之气。南京大屠杀期间，三个日本兵把三千个中国人关在一个大仓库里，大门敞开，没有一个中国人敢反抗。当时如果有人振臂一呼，大家蜂拥而上，踩也把他们踩死了，封建思想下的奴性在这个问题上表现得淋漓尽致。西方是为了人、发展人，我们是控制人、管理人，结果怎么样？人家发展了，我们落后了。

党的十一届三中全会以前，我们是很注意控制人、管理人的，以阶级斗争为纲，搞政治运动，这也不敢说那也不敢干，把人的手脚束缚得死死的。党的十一届三中全会以后，"三个有利于"、解放思想、开拓创新、与时俱进，把人的思想、潜能大大解放了。改革开放以来，我们的经济建设取得重大成就，就是因为我们的工作立足点是以人为本，价值取向是以人为本。

现在党中央、国务院制定大政方针、法律条例，都是根据以人为本的原则。过去民政部文件中的遣返社会盲流，现在改成救助社会闲散人员。司法部颁发的新的监狱服刑人员行为规范，把罪犯的称呼改为服刑人员，内容做了些删除，比如将女服刑人员一律留短发、不得抹口红、不得化妆的内容删除了，人性化色彩很浓。某省的小学生守则将见义勇为调整为见义智为，小学生勇斗歹徒调整为智斗歹徒。某省学校安全条例有一条：不得组织未成年学生参加有危险的抗灾救险活动。人性化条款、法规出台后马上受到大家欢迎。雷锋同志的形象是艰苦奋斗的形象，"新三年旧三年，缝缝补补又三年"，但艰苦奋斗也应该赋予它时代内涵。人们整理雷锋的遗物时，发现雷锋同志有一双皮鞋、一件皮衣、一块手表，这都无损雷锋形象，反而使雷锋形象的树立更加人性化，更可亲、可敬、可学。

我们要深刻理解以人为本的内涵。

第一，以人为本要以人为中心，要突出人的发展。人是教育的中心，也是教育的目的；人是教育的出发点，也是教育的归宿；人是教育的基础，也是教育的根本。一切教育必须以人为本，这是现代教育的基本价值。现代人的自我尊严、自我价值不再需要外来肯定，更不是金钱标准所能衡量的，而是人的自我认同、自我体验、自我实践。

实际上，每个人都是按照自己的方式选择生活道路。著名心理学家罗杰斯讲过，人最想达到的目标、自觉不自觉所追求的终点就是变成他自己。人生就实质而言，是不断发掘自我潜能的过程，是不断实现真实自我的过程。如果我们每个人都实现真实的自我，就一定会感受到生命的价值和生活的乐趣。在一定范围框架内，还原一个真实的自我，展示一个本色人生，这样才能提高生活质量。

第二，以人为本必须体现人文关怀。只有感受，才能感动；只有感动，才会内化为行动。感受、感动、行动是这样一个逻辑关系。什么叫感动？感动，是一种深层次的心理活动，是内心崇高的精神体验。善于发现感动的人，是富足的人；善于在感动中成长的民族，是成熟的民族。只有在感动中才能净化心灵、升华人格、升华人生。

人是有理性的，也是有感情的，感情支配思考方向，理性决定思考结果。我们只有以情感人，才能以理服人。无论现代教育手段多么先进，都不能否定面对面的教育工作；无论现代传媒多么发达，都不能代替人和人之间的感情交流；无论各项制度多么完善，都不能忽视人文关怀和道德情感。网络社会的"键对键"，永远代替不了人们的"面对面"。

第三，全面认识以人为本。现在提出以人为本，有些人就说无私奉献过时了，只有国家对我好，我才能对国家好，个人利益可以置于集体利益、国家利益之上等等。如果我们把以人为本理解为以自我为中心，就曲解了以人为本的本质含义。

二、 人生要有职业精神

所谓职业精神，就是把本职工作当作事业全身心投入奋斗，当作学问全身心学习研究。人走上社会后，首先要成为一个称职的人、称职的员工、称职的公务员。要在职业中获得更大的成功，获得更大的快乐，必须把谋生职业看作终身事业，必须具备职业精神。宋朝朱熹说的"专心致志以事其业"，就是用一种恭敬严肃的态度对待本职工作，认真负责、任劳任怨、精益求精。

一般讲，对待本职工作有四个层次的境界：第一个层次，把本职工作看作上级对职业角色的规范；第二个层次，把本职工作看作职业责任的要求；第三个层次，把本职工作看作是出于职业良心的活动；第四个层次，把本职工作看作幸福快乐的体验。毫无疑义，职业精神是本职工作的最高层次、最高境界。

目前，社会上有些人缺乏职业精神，职业感、使命感、责任感不强。主要表现为：① 人生目标虚化。悲观、郁闷、失落，对什么都表现出没兴趣、没意思的态度。无端地打发时光，无端地消耗生命，无端地缩小自我。② 社会责任弱化。对工作挑三拣四，对困难避而远之，对责任避重就轻，领导要求我就做，领导不说我不做。③ 思想观念僵化。因循守旧、墨守成规、瞻前顾后、等待观望、小进则安、满足现状、坐井观天、夜郎自大。④ 价值取向物化。价值取向多元功利，用金钱衡量事物，用物质看待社会。价值主体自我化，价值取向功利化，价值目标短期化。

如何对待本职工作，也有三种态度：第一种是把本职工作当事业，甚至生命，敬畏肩上的担子，有一种很强的责任感、使命感；第二种是把本职工作当职业，上班是为了养家糊口，为了饭碗，是谋生手段和方式；第三种是把职业当作副业，成了第二职业，打自己的"小九九"，忙自己的"小生意"，种自己的"自留地"。态度反映境界，态度决定状态，三种不同的态度，反映了不同的世界观。

现在有个认识误区，认为职业等于事业，把职业与事业混为一谈。其实两者是有本质区别的。职业是低层次的，是谋生手段，是饭碗，事业是高层次的，是人生价值观体现；职业是工作岗位的外在规范要求，事业是内心的自觉执着追求。说白了，职业是要我干，事业是我要干。

从学业到职业是人的社会身份的转变，从职业到事业是人的精神境界的转变。职业是社会分工，事业是自我实现；职业是功利的，事业是超越的；职业是被动的，事业是主动的；职业是一时的，事业是终身的；职业是机械的，事业是创造的。工作过程是一种享受，而不是一种劳役，是自我实现的过程，而不是单纯的付出。一个人如果拥有高远的价值追求、浓郁的人文情怀、强烈的事业心、高度的责任感，把职业当作事业，就会产生工作激情，达到累并快乐着、辛苦并享受着的境界。

选择一种职业，就是选择一种生活方式。不同的生活方式，构成不同的生活意义。科学家为人们揭示宇宙奥妙，艺术家为人们激发生命的活力，政治家为人们开辟生活的方式，思想家为人们提供真实的思想。无论从事什么工作，都要有职业精神，认真做事、努力做事。有位哲人曾经说过，世界上只有三种人：为生计而忙碌的人，为满足欲望而苦心经营的人，为自我实现而不懈奋斗的人。第三种人就是有职业精神的人，有事业心的人。

培养职业精神，要抓好以下几项工作：

1. 要大力推进职业化建设。

职业化过程是按照职业要求改造自我的过程，将外在要求内化为自我修养。真正的职业化，不在于干什么，而在于怎么干。职业化既是一种内在的精神动力、信念信仰，也是对职业的孜孜以求、精益求精，应具有自觉的职业化意识、高尚的职业化精神、良好的职业化素养、专业的职业化能力、规范的职业化行为。在人的职业生涯中，奉献比索取更重要，幸福比名利更重要，事业比职业更重要。

2. 要培养强烈的事业心。

事业心主要取决于自身内在因素，包括自觉性、责任心、进取意识等。有了自觉性，无论有没有压力，无论领导在场不在场，无论何时何地、从事什么工作，都能去认真做事，表现出发自内心的高度自觉。有了责任心，就能千方百计地办成事。责任心是对自己所担负工作的清醒认识，任劳任怨、脚踏实地，想方设法把事情做好。有了进取意识，就能不断提高工作标准，不甘落后、永不放弃、永不言败，保持蓬勃向上的朝气、开拓进取的锐气、不畏艰险的勇气。

拥有职业精神的人的共同特征，就是对事业的真挚热爱和崇高的职业精神。美国著名导演卡梅隆可以十四年磨一剑，拿出一个《阿凡达》，创造了一个电影发展史上的里程碑。可是，我们有这种职业精神吗？我们一个东西还没咽下去，就想吐出三个来。急功近利、急于求成、好大喜功，看重短期效益。"十年磨一剑"，不少人恨不得"一年磨十剑"，心浮气躁、三天打鱼两天晒网，没有持之以恒的职业精神。各种利益、各种诱惑让人浮躁、焦虑、短视、失去定力。

美国苹果公司前总裁乔布斯是个工作狂，他每天在想什么？琢磨什么？他关心苹果手机关机为什么要用那么多时间，能不能快点？为此他会跑到员工开发办公室拿笔在墙上算全世界多少人用电脑，如果每次开关快30秒，那么能为全世界的苹果消费者节省多少时间。乔布斯整天在考虑消费者，为了消费者提高产品质量。

作为党员干部，应当热爱自己的职业。干一行，爱一行，培养自己的职业警觉，具有所从事职业的专门化能力，能够准确把握和预见未来发展的动向，为社会、为他人提供有益的产品和高质量的服务。如果把工作看作谋生的饭碗，就可能做一天和尚撞一天钟，既不会有工作的激情，也很难在工作中享受幸福。只有树立敬业精神，才能焕发工作激情、享受工作快乐、享受工作幸福。

成就一番事业，就要有敬业态度，这是一种生命态度。现在的"跳槽风"是敬业态度的最大杀手。应当讲，跳槽成功者也有自己的幸福：职位越跳越好，薪水越跳越高，地位越跳越显眼，一时也很有幸福感。然而，跳槽的幸福感就像跳槽一样，来得快去得也快。在跳槽者眼中，职业仅仅是一种谋取利益的手段，他对自己的工作不可能再有奉献精神。

3. 勇于担当责任。

对于工作，我们要积极倡导责任的价值取向。权利和责任相伴相生，只讲权利不讲责任的社会不可能存在，只讲权利不讲责任的公民最后将会丧失权利。只讲追求自己完全自由，不想为公共利益服务的人最终不会享有自由。在历史的长河中，只有那些不为眼前的利益所诱惑、把目光投向远方的人，只有那些不为一己私利、勇于承担社会责任的人，只有那些"咬定青山不放松、任尔东西南北风"的人，才算是真正具备职业精神的人，才能真正创造出中国梦的正能量。

4. 焕发工作激情。

对工作要有一种真正积极向上的激情，精益求精、争创一流。激情不是一个瞬间状态，而是一种文化积淀。这种激情，主要表现在面对机遇，敢于争先；面对艰险，敢于探索；面对落后，敢于奋起；面对竞争，敢于创新。激情创造奇迹，激情激发灵感，激情开发才智，激情改变平庸，激情成就事业。一个人只有永葆激情，才能不断超越自我，成就辉煌人生。

世界魔术大师胡安在回答是什么使他取得巨大的成功时，他说是激情，是渴望看到观众在表演结束时眼中流露出的不可思议与赞叹。这就像是在体内燃烧火焰，并用这种火焰去感染别人。

美国成功学大师卡耐基把激情称为"内心的神"，认为一个人成功的因素有很多，而首要的因素就是激情。做好本职工作需要有激情，攻坚克难更要有激情。有了对事业的激情，人的潜能就能最大限度地被调动起来。

5. 培养正确的人生价值取向。

人生就是要奉献，活得有价值、有意义。马克思在讨论人同动物的区别的时候，做过这样的论述：人和动物都是一种生命活动，但这是两种不同的生命活动。动物是一种生存的生命活动，人是一种生活的生命活动。动物按照它本能的生命活动，就叫生存；人是一种有意识的、有目的的生命活动，就叫生活。这种区别在于马克思讲的两个尺度，动物只能按照自己的本能存在，只有属于自己物种的一个尺度，而人有两种尺度，人既有物种的尺度，又有人的内在的、本质的、固有的尺度。

人性是人在一定社会制度和一定历史条件下形成的人的本性，从根本上决定并解释人的行为。

人是从猿猴发展进化演变而来的，但正如著名的英国动物学家莫利斯说的人类至今仍未完全摆脱生物学属性，特别表现在攻击性、领地欲、战争威胁、人口爆炸等等的问题上。他说："尽管人类博学多才，可他仍然是一种没有体毛的猿猴"，"尽管他获得了高尚的动机，可是他并未丢掉自己更土气而悠久的动机"。因为"人类进入文明时期不过几千年，而作为动物的存在有数百万年，积淀很深难以完全摆脱生物遗传"。(见 D. 莫利斯：《裸猿》)

马克思、恩格斯也说过："人类源于动物界这一事实决定人永远不能完全摆脱兽性，所以问题永远只能摆脱得多些或少些，在于兽性和人性的程度上的差异。"(《马恩全集》第 20 卷 110 页)中国历史上曾经有过一个长期争论不休的问题，就是人性本恶与人性本善。现在看来两者都有，既有人性又有兽性，只是性善一面越来越发展，越来越占优势，这就形成了人类特有的文明或文化，可性恶一面并未根除，有时甚至会兽性大发，而且往往会用漂亮的言词来解释其恶行，如上面说到的用人权的名义去侵略，去大规模地屠杀别人。犹如鲁迅先生说过的像蚊子那样，一面吸人的血，一面不停地嗡嗡，声明这个血是如何该吸。这就是人类狡猾的地方。[①]

我们常说：一个人的优秀，归根结底是人性的优秀，一个民族的伟大，归根结底是人性的伟大。而人性的优秀和伟大，从一定意义上来说，就是"德性"的优秀和伟大，德育就是"指向人的德性培养的教育"。如《说文解字》中所说"教，上所施下所效也""育，养子使作善也"。如赫尔巴特所言，道德普遍地被认为既是人类的最高目的，也是教育的最高目的。

三、 勇于担当社会责任

所谓责任，就是分内应做的事。对责任进一步分析，分为尽责与负责两方面。所谓尽责，是指一个人对自己所做事情，尽最大努力去完成。一个有责任心的人，对其所负责的事，应牢记心中，应坚定不移、坚持不懈地履行责任。负责是指一个人对自己所履行责任后果的承担。如果不能如期如愿达到目标，出现意外差错，要能够勇于承担责任。

社会责任感是指社会成员基于对自身利益与社会利益的关切所形成的自觉为社会尽责的意识，以及在这种意识支配下产生的经常性行

---

① 吕型伟：《德育：21 世纪教育的灵魂》，载《山东教育科研》，2001(1)，22~26 页。

为动机。它是道德认识、道德信念、道德感情、道德意志的有机综合统一，对人的行为产生巨大的推动力。古罗马思想家西塞罗曾说"生活的全部高尚寓于对责任的高度重视，生活的耻辱在于对责任的疏忽"。日本学者池田大作认为"生命中有一种能力，能将外在偶然化为内在的必然。……就是蕴藏在生命中的最伟大的力量：使命与责任的觉悟"。[①]

1. 看待责任有五个视角：

（1）责任是一切道德的基础。面对国家没有责任感，哪有尽忠之心？面对长辈没有责任感，哪有孝顺之心？面对自己没有责任感，哪有进取之心？

（2）责任是一切动力的源泉。有责任感才会有远大的理想和抱负。责任出智慧、出勇气、出力量。人的每一项潜能都因为有了责任的驱动才变得更强大。

（3）责任是一种客观需要。公仆有为民服务的责任，领导有科学决策的责任，军人有保家卫国的责任，医生有救死扶伤的责任，父母有养儿育女的责任，儿女有赡养父母的责任，企业有创造产品的责任……

（4）责任是一种主观追求。同样的工作，同样的条件，有人干得很好，有人干得很差，差别就在于有没有责任。尽心尽责，再复杂的问题，也能迎刃而解；漠视责任，再简单的工作也会出现差错。

（5）责任是一种思想境界。平凡之中有伟大的追求，平静之中有满腔的热血，平常之中有强烈的责任感，要忠诚履职、尽心尽责、勇于担责。

中国传统文化的特点是责任大于自由，义务大于权利，群体高于个人，和谐高于冲突。

责任是一种品格，一种素质，一种人文情怀。对社会有没有责任感，是检验人生境界高低的尺度。社会责任感不是抽象的，具体体现在对家庭、他人、集体、国家、民族的情感、态度、责任和义务上。人什么都可以没有，但是不能没有事业；人丢掉什么都可以，但不能丢掉责任；人忘了什么都可以，但别忘了自己的父母，别忘了自己的国家。对父母有责任，才

---

① 胡金波：《"期盼有更好的教育"（上）》，载《江苏教育报》，2013-8-16（3）。

能对国家社会有责任。

爱情是一种责任，而不是逢场作戏。当恋爱的时候，你要扪心自问："我能为对方负责吗？我具有为对方负责的能力吗？"特别是男性公民，必须记住，一个民族对女性的态度往往可以衡量出这个国家的文明程度。在社会意识里，没有真正意义上的男女平等，作为男性公民必须多些绅士风度，多些责任意识。

担当是一种责任。在危机到来时，往往群情激奋、人心浮动，弥漫着一种恐惧和慌乱的气氛。人们或议论纷纷，或相互抱怨，或设法逃避。这时一线指挥员的决断关系安危成败，责任非同小可。在现场情况瞬息万变的情况下，根本来不及请示汇报，作为一线指挥员，应当以对人民事业高度负责的精神，将个人安危置之度外，随机应变果断处置，处理得越快越坚决，或许付出的代价越小。这时候，如果畏首畏尾，反复请示汇报，没有上级指令就不作为，听任事态恶性发展，是逃避责任的最好借口，是一线指挥员的最大失职。

对领导者来说，优柔寡断不仅是性格上的缺陷，从根本上讲是缺乏高度事业心和责任感，缺乏无私无畏的品格。在选择领导干部时，不但要看他是不是民主，而且要看他会不会集中，要把具体良好的判断力和决断力作为必备素质，千万不能把优柔寡断、不负责任的人放在一把手的位置上。

担当责任，要求我们树立正确的政绩观，保持奋发有为的精气神儿，掌握干事创业的真本领，练就一副勇挑重担、堪当重任的"铁肩膀"。

树立正确的政绩观关乎我们能否坚持党的实事求是思想路线、能否真正做到求真务实。政绩观说到根儿上是要虚还是要实，要"面子"还是要"里子"。我们的工作从来是虚实结合、"面子""里子"都要，但问题是在虚和实、"面子"和"里子"发生矛盾时，你要什么？决不能为了所谓的"政绩"，只要"面子"不要"里子"，只务虚不务实。要坚决摒弃以GDP论英雄，不顾经济社会发展水平和群众承受能力搞所谓的"政绩工程""形象工程"；坚决纠正好大喜功，对上报喜不报忧，对群众随意承诺、大包大揽却不能兑现的做法。要实实在在地改善民生，把财政的钱花在刀刃上。党中央高度重视保障和改善民生，强调首先要兜底，要切实做好兜底保障工作，真正让困难群众受益。就业是最大的民生，家里只要有就业的，全家心里都踏实。在工业化、城镇化进程中，要特别注重加强对农民的职业技能培训，提高他们的就业能力。积财千万不如薄技在身，一个人只要真正掌握一门手艺，就能把一辈子的饭碗端起来。我们要对党和人民负责，对历史负责，立足当前、打好基础，着眼未来、谋划发展。

2. 担当责任主要体现在以下方面：

（1）责任和担当体现在全局工作中。要有大局意识，就是要主动站在经济发展的战略角度，善于算大账、总账、长远账，不能只算部门账、眼前账，更不能为了局部利益损害全局利益、为了暂时利益损害根本利益和长远利益。在我们组织体系中，各个部门、单位的设置都有边界，都是有一定职权范围的。但是在实际工作中，无论怎样分工，怎样划清边界，一些问题的归属仍可能是模糊的，好像你也可以管，我也可以管，实际的结果往往就是大家都不管。随着改革发展，不断会出现新任务、新职责，这些任务可能是综合的、交叉的，不能简单地划归为某个单位、某个岗位职责。我们的干部们就应该有一种"全局观"，不要把自己局限在本部门之内，而是要作为工作全局中的一员，站在全局的角度上来思考问题，要以舍我其谁的勇气和担当，主动承担责任，勇于承担责任。

（2）责任和担当体现在执行落实中。落实就是推进工作，推进工作就要敢于迎难而上。我们的干部处在工作的第一线，直接面对最实际的工作困难和问题，如果没有很强的落实工作的能力，没有解决困难的勇气和能耐，各项决策就会成为一纸空文、一句空话，悬在空中接不了地气。落实工作一要抓重点。在工作中要分清主与次、急与缓、大与小的关系，坚持用重点带动一般，切忌平均用力，要把力量集中用在重点工作上，把好钢用在刀刃上。二要攻难点。每个部门单位在工作中都会有自己的难点，我们要做到一清二楚，把握住自己的难点和短板在哪里，认真研究创新思路，采取可行措施，对工作中的难点进行逐一攻破，实现跨越发展。三要会沟通。沟通协调实际上是借力和合力。一个单位的工作要搞好，单凭本单位几个干部是很困难的，因此要用沟通协调来借力：对上多请示汇报，求得更多的重视支持；对下多一些指导帮助，把职工群众的积极性调动起来；对外勤走动，学习兄弟单位的经验，从而形成合力推动工作的发展。通过对450名管理者的研究发现，管理者大都从事以下四类管理活动：① 传统的管理——决策、计划和控制；② 沟通——交换日常信息、处理文案工作；③ 人力资源管理——激励、冲突管理，人员配置和培训；④ 社会交往——社会活动、政治活动以及与外部的交往。

研究发现：管理者平均把 32％的时间花在传统的管理活动上，29％的时间用于沟通，20％的时间用于人力资源管理活动，19％的时间用于社会交往。只是，不同的管理者花在这四种活动上的时间和精力相差甚远。成功的管理者，平均把 13％的时间花在传统的管理活动上，28％的时间用于沟通，11％的时间用于人力资源管理活动，48％的时间用于社会交往。有效的管理者，平均 19％的时间花在传统的管理活动上，44％的时间用于沟通，26％的时间用于人力资源管理活动，11％的时间用于社会交往。由此我们可得到如下启示：对于成功的管理者（根据他们在组织中的晋升速度来衡量），与外界交往、寻求支持用时最多。有效的管理者（根据他们工作绩效的数量和质量以及下属的满意度来界定），沟通时间所占比例最大。

（3）责任和担当体现在坚持不懈、绝不拖延上。说到底，勇于担责就是要想干事、能干事、干成事。一定要把干成事作为一种精神追求、一种价值取向、一种处事作风，积极行动、勤奋工作，干一件成一件，今日事情今日毕。树立"不勤政也是腐败""无功便是过"的观念。每个人都要做到"坚决不让既定的工作进程在我们手中延误，坚决不让既定的工作任务在我们单位耽搁，坚决不让差错在我们手中发生，坚决不让不良风气在我们身上出现，坚决不让单位形象在我们这里受损害"，切实做到"守土有责，守土负责，守土尽责"。

（4）责任和担当体现在细微处。敢于担当、勇敢前行体现在平时工作生活的点点滴滴中。管理不能是粗放式，要精细化。

（5）责任和担当体现在新的作为中。① 新作为就要体现打造特色、形成优势。打造特色就要找准优势，错位发展，做到人无我有、人有我优、人优我强。② 新作为必须表现为提高决策力和执行力。科学决策是科学发展的前提和条件，它关系到发展的方向、发展的高度及发展的轨迹。决策正确可以使一个单位兴旺发达，决策失误也可以使一个单位走下坡路，所以我们必须高度重视决策。单位层面有党委决策、单位领导的决策。决策的过程必须考虑到以下几个方面：第一，决策一定要先科学界定目标，明确我们要解决什么问题，达到什么效果；第二，要通过调研了解决策需要的几个条件，它的现状、必要性、可行性怎么样；第三，要咨询论证，调研完要征求有关单位的意见，特别要征求专家、教授的意见；第四，要有合法性的审察，即是否符合法律法规，是否超出决策权限。决策做出以后还有一个执行力的问题。毛泽东同志说过，政治路线确定之后，干部就是决定的因素。为什么有些单位发展速度快，很多方面是领导执行力所起的作用。决策一旦做出以后必须要执行。作为领导干部如果对决策有意见，可以保留意见，也可以向上级组织反映，但是有两点要明确：第一必须要无条件地执行，第二不能公开发表与决策相反的一些观点。下级服从上级，全党服从中央，这是党的纪律，也是组织的纪律。③ 新作为必须表现为讲团结，形成工作合力。懂团结是大智慧，会团结是大本事，真团结是大境界。大家在一起共事，是事业的需要、组织的重托、群众的期望，也是一种难得的缘分，既已同舟，则当共济。实践证明，只有搞好团结才能出凝聚力、出战斗力，才能出智慧、出成绩，才能出干部、出人才，才有健康成长的沃土、成就事业的舞台。所以，要像爱护自己的眼睛一样爱护团结，像珍惜自己的生命一样珍惜团结。搞好团结，要严格执行民主集中制的各项规定，广泛听取意见，多沟通、多商量。部门间也要讲团结，互相补台不拆台，形成工作合力。同事间坚持大事讲原则、小事讲风格，不利于团结的话不说，不利于团结的事不做，相互尊重、相互理解、相互关爱、相互包容。有了这种氛围，大家心情才能舒畅，才能把自己最大的潜力发挥出来。④ 新作为必须表现为提高管理水平和领导艺术。不同层级领导的管理重点是不一样的：高层领导的重点是制定战略，中层领导的重点是带队伍，基层领导的重点是提高效率。

什么样的领导受欢迎？第一，能够在员工需要的时候给员工提供指导，帮助员工发展的领导。没有员工、同事的支持和协作，再出色的领导都无法独自让自己所管理的部门正常运作。对部门来说，每一名员工都是重要的组成部分，过于关心政绩，而忽略员工的感受以及职业发展的领导，在团队中的威信就会降低，并影响部门工作业绩。而通过帮助员工的个人发展从而实现部门业绩增长的领导，不仅会赢得员工的拥护，同时也会使部门的成绩更加彰显。第二，行动目标明确。这样的领导不会逼着员工在不

可能完成的时间内完成任务，更不会三天两头冒出新的指示。他非常清楚
让员工通过什么样的方式，能够最快速、最节省成本地达到既定目标，并
且在适当的时候给予关注和支持。此类领导的宏观思维非常全面，行动力
也很强。这样的领导会给员工信心和精神上的鼓舞，让干部"越战越勇"。
第三，善于倾听和沟通。这类领导情商一般比较高，不会无端让员工经常
处在紧张之中，会倾听员工的意见，与员工进行有效沟通。第四，懂得授
权与控制。抓大放小，强化过程控制。这样的领导信任员工，但又不因为
对干部的过度信任而放弃给干部指导和帮助的机会。第五，真诚、公平、
公正。这样的领导不虚伪，表里如一，在处理任何事情之前都会兼听各方
意见和建议，不听信一面之词。第六，有宽广的胸襟。这样的领导虚怀若
谷，从善如流，懂得尊重和欣赏别人多姿多彩的个性，谅解和包容别人的
缺点。

第八讲　培养正确的价值取向

世界观、人生观、价值观反映了人类区别于动物的生活理性和实践理性，"三观"问题，绝不是政治家的清谈和说教，而是每个人应面对的人生问题。

一、培养正确的世界观

所谓世界观，是指人们如何看待周围世界，它反映了一个人对世界的认知，涉及"天人"关系问题，如世界是虚幻的还是真实的，是主观的还是客观的，是不可知的还是宿命的……它决定了一个人对世界所持有的态度。

掌握了正确的世界观这把总钥匙，再来看社会万象，一切是非、正误、主次，一切真假、善恶、美丑，自然就清澈明了了，自然就能作出正确判断、作出正确选择，做到身处"万花筒"，心在"象牙塔"，始终稳重自持、从容自信、坚定自励，否则的话难免在看问题时片面、偏颇、偏激，面对金钱、情感、职业选择等多种问题时会疑惑、彷徨、失落，甚至误入歧途。

二、培养正确的人生观

所谓人生观，是指人生的目的和态度，主要涉及人与社会关系问题，反映一个人的活法，如何实现人生价值，如何面对苦乐、荣辱生死等问题。一个人来到这个世界，活不是只为了吃好、穿好、挣多少钱、当多大官，而是要有更高层次的追求。

树立正确的人生观，就要扎实做事。天下大事必作于细，古今事业必成于实，关键是在夯实根基、迈稳步子、久久为功，心浮气躁、朝三暮四都是不可取的。成功的背后，永远是艰辛努力，认准了的事，就要专心致志地做下去，像蜗牛一样一步一步往上爬。有人说，人和人之间最小的差距是智力，最大的差别是坚持，这话有一定道理。坚持意味着坚定的热忱、持久的恒心、坚韧的毅力。要做自己人生的"工匠"，经得起诱惑，耐得住寂寞，咬定青山不放松，把小事当作大事干，一步一个脚印往前走。滴水可以穿石，只要坚韧不拔、百折不挠，成功就一定在前方等你。

树立正确的人生观，还要志存高远。有信念、有梦想、有奋斗、有奉献的人生，才是有意义的人生。只有志存高远，把人生理想融入到国家和民族的事业中，把个人的理想与国家的前途、民族的命运、人民的幸福结合在一起，同人民一道拼搏、同祖国一道前进，为国家、为社会、为民族、为人民的利益而学习和工作，才能实现"小我"与"大我"的协同进步，最终成就一番事业，真正回答好"人活着是为了什么"这个人生命题。我国古代知识分子讲究修身、齐家、治国、平天下，这实际上就是一种把个人的成长进步与国家的发展、民族的昌盛紧密联系起来的人生态度。

三、 培养正确的价值观

所谓价值观，是指人们在生活中所持有的价值取向和行为准则。做一件事前，选择善恶美丑的核心是如何处理"人和事的关系"。抓好价值观十分重要，这就像穿衣服、扣扣子一样，如果第一粒扣子扣错了，剩余的扣子都会扣错，因此人生的扣子从一开始就要扣好。习近平总书记的重要论述深刻指出了价值观的导向作用、引领作用，阐明了树立正确价值观的重大而深远的意义。

每个国家都有自己的核心价值观。核心价值观其实就是一种德，有国家的大德，也有个人的小德。国无德不兴，人无德不立。我们要把立德作为做人做事的第一位要求，明大德、守公德、严私德，要立意高远，有一种家国情怀，立志报效祖国、服务人民，要立足平时，从做好小事、管好小节开始起步，踏踏实实修好公德、私德，学会感恩，学会助人，学会宽容，学会反省，学会自律。

形成正确的价值观要靠长期的潜移默化。市场经济崇尚多元经济、多元利益。如何在多元之中有主导，多样之中有主体，多变之中有主线？这就要在利益多元化条件下，坚持以为人民服务为核心的价值取向。为人民服务就有道德，不为人民服务、只为自己服务就没有道德；想着别人就有道德，不想别人、只想自己就没有道德；给别人做了贡献就有价值，不做贡献就没有价值。这是干部的核心价值观。

价值、价值体系与核心价值体系，是层层深化、步步递进，逐次趋向更加成熟和自觉的价值形态。价值体系是价值的系统形态。核心价值体系是价值体系的灵魂，指其中最重要的、基本的、主导的，起组织、协调、统领和支配作用的价值体系。社会主义的主导的核心价值体系的主要内容包括：通过实践活动不断趋近和实现的理想精神，以爱国主义为核心的民族精神，以改革创新为核心的时代精神和以社会主义荣辱观为核心的伦理道德精神⋯⋯价值作为一种基于物质属性对人的关系属性，是不能脱离人对事物的认知关系的。无论是理想精神，还是以爱国主义为核心的民族精神、以改革创新为核心的时代精神和以社会主义荣辱观为核心的伦理道德精神，从根本上说，都是以谋求和实现人民的利益和福祉为宗旨的。从民族精神而言，人民是民族的主体，民族精神实质上也是人民精神。祖国热爱人民，人民热爱祖国。从时代精神而言，人民是时代的主人和改革创新的生力军和动力源，时代精神实质上也是人民精神。从伦理道德层面而言，社会主义荣辱观的根本目的同样是为了通过培育和提升大众的思想文化素质和伦理道德情操，弘扬以人民为主体的民族精神和时代精神。贯穿于社会主义核心价值体系的红线和轴心是人民的价值和人民的精神。人民的价值是社会主义价值核心的核心，是社会主义核心价值的价值。一切从人民出发，一切为了人民。从这个意义上说，人民的价值是高于、统领和主导一切价值的元价值和母价值。①

现实生活中，价值观的矛盾是错综复杂的，其主要矛盾是价值理想与个人的价值期待的矛盾，价值导向与个人价值取向的矛盾。矛盾的主要方面是价值理想和价值导向，它规定价值观的基本性质和发展方向。

从社会现象看，人的价值取向是千差万别的、千变万化的。人们往往把个人的价值取向看作主观的、任意的、随机的。但透过千差万别的个人价值取向，我们会发现个人价值目标总是取决于价值理想，个人的价值选

---

① 陆贵山：《塑造新人与弘扬核心价值观》，载《人民日报》，2007-05-24(9)。

择总是取决于价值导向。

世界观面对的是整个世界，人生观面对的是人生领域，价值观面对的是人们的价值取向和行为准则。世界观决定人们的人生观、价值观。人生观、价值观又反过来制约和影响世界观。

大家都熟悉大科学家居里夫人的故事，在她身上体现了世界观、人生观、价值观的高度一致。她有句名言："我愿把人生变成科学的梦，然后再把梦转变为现实。"她信奉科学的世界观，把探索宇宙的奥秘作为人生的最大追求。她淡泊名利、将提炼放射性元素镭的方法公之于世，没有申请专利。如果没有科学的世界观、进取的人生观和奉献的价值观，就不可能成就居里夫人辉煌的人生。

古今中外的"三观"问题，总是围绕着唯物与唯心、利他与利己、忧患和安乐、奉献与索取、积极与消极等核心认知和价值选择展开的。

世界观、人生观、价值观说到底，决定和反映了人们的信仰、理想、追求。可以说，如何确立"三观"，确立什么样的"三观"，将决定人生成败。当然，这里所指的人生成败，不是简单地进行功利层面的判断，而是看是否坚守了做人的基本准则，恪守人性和人道而不是堕入兽性和兽道。一个人可以平凡、平庸，但不能卑鄙、邪恶，一个人可以自我、自利，但不能损害他人和社会。

所有这些，应当成为确立"三观"、做人做事的底线。人民有信仰，国家有力量，民族有希望。确立一个体现人文精神和科学精神的世界观、人生观和价值观，是一个国家的强国之基、力量之源，是一个民族自立于世界民族之林的精神支柱。

四、 树立正确认识

解决"三观"问题，培养正确价值取向，具体需要具备五个正确认识：

1. 正确认识自己。

人贵有自知之明，这是至理名言。人们最看不清、最说不准的东西就是自己。这是人生最重要的课题，也是永远不会完成的课题。

所谓自知之明，就是要清醒地认识自己，客观地评价自己，正确地调控自己。为人处世，首先要知道自己是什么样的人，有什么优点和缺点，有什么特长和潜能，懂得自己适合干什么、不适合干什么，对自己扮演的社会角色有一个明确的定位。

人生在世，为人处世、待人接物不要存心跟别人过不去，更不要存心跟自己过不去。是自己的就是自己的，不必推辞；不是自己的就不是自己的，不必强求。要摆正自己的位置，千万不要把自己当人物，千万不要把自己当精英，千万不要老是自我感觉好。其实人的最终结局都是一样的，只是你自己看复杂了。看淡人生，淡泊名利，宁静致远，笑对死神。人性的弱点在于来自平凡而又鄙视平凡，本身平凡却又自命不凡，明明自己是一个平凡者，却把自己定位为一个杰出者，这是应该引起我们注意的。

有一种人牢骚满腹，从来没有满意过，一直到退休也是指手画脚，但是交给他的事儿大都办不好。这种人就是把自己定位定高了，没有那么大的能力，又想干那么大的事儿，到头来一定是一事无成。

一个人的自知之明与知人之明是紧密相关的，一个缺乏自知之明的人不可能有知人之明。只有看到自己的不足，才能欣赏别人的长处，激发起自己的上进心；只有认识到自己的错误，才能改过自新，让自己更加完美。如果一个人自我感觉太好，就会看不到别人的好处。把自己放得太高，就会把别人看低了。认为自己什么都能干，把别人的事都干了，就会弄得别人没事干。那种认为自己什么都行，别人什么都不行的人，最终会证明自己不行。一个明智的人，应当自知而不自见，自爱而不自贵。

目前，社会上自视过高的人很多，而自视过低的人很少，越是有地位、有学问、有名气的人，自我评价的误差越大。他们在认识自我时，往往只知道自己知道什么，却不知道自己不知道什么。只了解自己的长处和优势，却不了解自己的短处和劣势；只记得自己的功劳，却忘记了自己的过错；只想着自己有恩于人的地方，却忽略了自己有愧于人的地方。在评价自己与他人时，往往过高地估计自己的学问、才能、品德和成就，而过低地估计他人的学问、才能、品德和成就。许多矛盾和冲突都由此而来。

2. 正确认识成功。

> 对于什么是成功，没有一个统一的标准，人们追求不同、价值观不同，对成功会有不同的理解……衡量人生是否成功，不在于功名利禄的获得，而在于价值目标的实现。

首先，你怎么看自己？你对自己的人生是否感到自信和满意？是否认为发挥了自己的才华，干成了有意义的事情？是否实现了人生的目标，没有虚度年华，枉此一生？

其次，别人怎么看你？自我感觉再好，自我评价再高，如果别人不承认等于白搭。商品的价值是通过交换实现的，人的价值是通过与人交往而实现的。不管是商品还是人，对别人有用才有价值。如果你个人价值的光芒能够照亮社会，大家能从你的成功中分享到一份好处，这才是真正的成功。这样，你获得的地位和尊敬、鲜花和掌声，不是沽名钓誉的结果，而是社会对个人贡献给予的应有报偿。[①]

人生成功不是物质的成功。现在整个社会的价值"观念扭曲了：活着就是为了成功，成功的标志主要是金钱和权力……于是，整个社会都患上了焦虑症：还没有成功的人们拼命争取成功，已经成功的人们贪婪地盯着更大的成功……几年前，中央电视台《对话》节目曾邀请中美两国即将进入大学的高中生参与。其中，美国的 12 名高中生都是当年美国总统奖的获得者，国内的高中生也是被北京大学、清华大学、香港大学等名牌大学录取的优秀学生。在'价值取向考察'环节，中美学生的表现形成强烈对比，令人震撼。面对主持人给出的智慧、权力、真理、金钱和美 5 个选项，美国学生几乎惊人一致地选择了真理和智慧，而中国高中生除了一个人选择了'美'之外，其他人全都选择了金钱和权力"[②]。

人不能只盯着物质的成功。除了物质的成功，人生还有更重要的东西就是精神。如果我们的社会对道德精神没有追求，对良知、良能没有认可、认同，那我们就不能守住道德底线。

相对于其他职业，领导者的成功更加困难，更加难以评价。

从古到今，一个国家，一个地方，领导人换了一茬又一茬，真正名垂青史、为后人感念的能有几人呢？普通人自不必说，中国历史上，称王称帝的有 800 多人，今天人们能记住名字的有几个呢？从隋朝到清朝，考取状元的有 500 多人，又有几人留下传世之作呢……

---

① 任彦申：《什么是成功的领导者》，载《唯实（现代管理）》，2013(11)，7～8 页。
② 赖配根：《人生不能只盯着物质的成功》，载《中国教育报》，2014-06-06(2)。

领导就是干事，只有想干事，会干事，又能干成事，那才是真本事……现在有的人只想做官，不想做事，或不会做事。他们把能否升官作为衡量自己成功的唯一标准，他们的聪明才智不是用在发展事业上，而是用在经营自己的关系网和加固自己的"护身符"上。他们不是脚踏实地服务民众，而是热衷于搞"面子工程"。他们不关切老百姓的真实感受，而只想讨得领导高兴、上级赏识。这种人即使官运亨通，能算是成功的领导者吗？

最糟糕的官员莫过于庸官。在某种意义上说，庸官比贪官还可怕。因为贪官一旦败露，就会下台。而庸官因为不干事，所以不犯错误；因为不犯错误，所以能在官场长期混下去。一个庸官长期主政的地方，真不知耽误了多少事业，埋没了多少人才，错失了多少良机……

有的领导者有极强的个人成就感，然而他只想着自己成功，却从未考虑过别人也需要成功。他把一切成绩记在自己头上，把一切问题推给别人，把自己的成功建立在别人不成功的基础上。这种以别人不成功为代价取得的成功，能算是真正的成功吗？

每个领导者都应考虑这样一个问题，当你离开一个地方时应当留下些什么？留下一堆讲话和口号不如留下几项好政策，留下几项好政策不如留下一个好体制，关键是留下一批优秀人才。

总之，衡量领导者是否成功，最过硬的标准就是两条：第一是看在他任内干成了多少事业；第二是看在他手下培养了多少人才。①

3. 正确认识名利。

现在很多人把财富、地位、名气看作事业成功的标准，可是有谁知道，财富有多少才是多？地位有多高才是高？名气有多大才是大？名利、身份、地位、权力、财富等，所有这些东西，都是身外之物，人不能为这些活着。人生要有两个"简单"：一个就是物质生活的简单。你可以很富有，但是你不要把你的精力都放在物质追求上。一个真正富有的人应该是有了钱以后，仍愿意过简单的生活，因为能够带给他巨大快乐的并不是物质层面的东西。再一个就是人际关系要简单。人际关系太复杂，其中难免会掺杂进利益的

---

① 任彦申：《什么是成功的领导者》，载《唯实（现代管理）》，2013(11)，7～8 页。

东西。物质生活简单一点儿、人际关系简单一点儿，这样才能更好地工作和学习。这样也可以叫作圆满人生。

4. 正确认识提拔。

现实中，有的干部很想个人发展、个人进步，说白了就是想被提拔，这是好事。想当官，有更大的平台为人民服务，这有什么不好？关键是出于公心还是私心。对这个问题要客观冷静地分析：在个人发展上，有时也可能要做出牺牲，因为做官很难有自己具体的发展目标。如果你做学问，可以有一个明确的目标，比如什么时候攻下博士学位，什么时候评上教授职称，这都是无可非议的，也是经过个人努力可以实现的。如果你经商，也可以有一个具体的发展计划，比如把企业做大做强、创出名牌、发行股票等等，这也是无可指责的。

唯独从政做官，不能太有理想，很难给自己定一个具体的做官目标。因为做官最难把握个人命运，是一个前途最不确定的职业。你能不能做官，在哪儿做官，都是难以预料的。在官场上，你常常会看到，有的人莫名其妙地升官，有的人莫名其妙地倒霉；有的人在一段时间内好运接踵而至，在另一段时间内却厄运连连降临；有人一路绿灯，顺风顺水，有人一路红灯，逆风逆水。这些用常理往往是说不清楚的，你不得不承认，做官除了靠本事、靠努力之外，还有一个运气问题。打个比方，做官就像乘公共汽车一样，有的人上车就有座，有的人站了一路始终没座，有的人刚刚有了座，可惜终点站到了。

一个单位正职只有两位，副职4~6位。干部队伍是一个宝塔结构，越往上位置越少，多数人爬到某一个台阶就停滞不前了，能够迈上新台阶的人是极少数。不要总觉得自己怀才不遇、大材小用，不要总是心理不平衡。

社会就是人前进的那条路，你要看路况，是平坦大路、崎岖小路，还是万丈深渊。人就是司机，司机既要驾车，又要会看路，知道什么时候该拐弯，什么时候该加油，什么时候该刹车。如果你一味地开车，前面是弯道，一加油门就摔死了。

人的发展、成功、成才就像一场足球比赛。一场比赛中大部分时间都是足球队员在场上传球、带球，很难分出胜败。要干什么呢？等待机会、寻找机会、创造机会，临门一脚。有的球赛，场面很好看，得势不得分，就不进球；有的比赛场面很一般，甚至很被动，只要抓住机会一个防守反击，就进球了。足球令人疯狂的魅力在这，人生发展的道理也在这。有人过程很辉煌，他没有进球；有人过程很一般，他进球了，后来，他总进球。就像我们说某某人条件很好、素质很高，但就是没有发展、没有进步，或者说没有被提拔；某某人条件很一般，但是他后来进步了、发展了，他被提拔了，后来总是被提拔。关键是，在正确的时间，你要出现在正确的地点，还要办正确的事情。

在个人发展问题上，必须树立一种健康心态，这样就会知足常乐、随遇而安、立足本职、珍惜眼前、脚踏实地、增长才干、积累经验。只有把本职工作的基础打牢，当机遇来到时，才不会因为自己准备不足而错失。

个人欲望是永远不会满足的。如果掉入个人欲望的陷阱，就会心烦意乱、苦恼烦恼，甚至走火入魔、铤而走险、误入邪道。在一个单位中，我们总会看到这样的人，能力不比别人差，资历不比别人短，干活不比别人少，但是提拔晋级总是一步赶不上，步步赶不上。但是，他们懂得怨天尤人不解决问题，仍保持良好心态，一如既往地工作，活得很自在。当然，作为领导，也不能让老实人吃亏。

这里要强调，每位党员干部都要进一步增强组织观念，正确地对待组织、正确地对待同志、正确地对待自己。应该说一个干部的成长进步，组织培养、个人努力、同志帮助，这三个方面缺一不可。在个人升迁去留问题上，我们都要识大体、顾大局，保持正常的心态，要正确对待组织的安排、正确对待同志们的评价、正确对待自己的升迁去留，绝不能认为安排了是应该的，没有安排就有怨气，甚至对组织有意见。在这个方面有这样那样的想法是不可避免的，关键是要自己正确对待，这也是对一个干部党性觉悟的考验。

不要心理不平衡。不平衡是人生走下坡路的开始，甚至犯错误的开始。不平衡、想不开时可以换位思考，换个角度想问题，可以调整心态、排除烦恼、创造快乐。积极心态像太阳，照到哪里哪里亮，消极心态像月亮，初一、十五不一样。

在工作中，平和、乐观的心态是最重要的。任何对客观环境的不满和怨天尤人都是无济于事的。只有以积极向上的精神去面对工作，才是解决问题的最佳方法。

地球赤道是一个圆形，终点就是起点。同样站在国际日期变更线上，有的人往西看，哀叹旧的一天就要过去；有的人往东看，欢呼新的一天就要来临。就看你自己怎么看，一切过不去都是自己和自己过不去。自己过不去，什么都过不去；自己过得去，什么都过得去。即便有人一时真和你过不去，你也要明白，发怒是用别人的错误惩罚自己。

只要自己不跟自己过不去，还能有什么烦事在心头呢？能吃能睡就是福气，少病少灾就是运气，忘愁弃怨就是和气，钱多钱少都要神气，谁能如此，谁就能拥有快乐，活脱脱人间一个神仙。

我们都想生活在平衡的状态之中，要掌握其中的规律就要解决好三个认识：

（1）平衡是对进取的驱动。不论从社会学、心理学，还是从机械学原理来讲，平衡的作用是显而易见的。平衡需要两个系统，即动力系统和稳定系统。动力越大要求稳定性越强，它们之间要始终保持一定的平衡和张力。汽车出厂前或新胎刚换上，都要做动平衡测试，不平衡开起来就跑偏，行进时就抖动。错综复杂的国际关系中也要寻求一种平衡。社会进步需要平衡的力量，人类进取需要平衡的心理。

（2）平衡是对欲望的遏制。心理平衡就能顺其自然，不去追求不可能的东西，能感到知足，用平常心看待得失，生活很平静。个人欲望是永远也不会满足的。一旦掉入欲望的陷阱，要么陷进了苦恼之中，心烦意乱，智力不能正常发挥，消磨青春年华；要么走火入魔，铤而走险，误入歧途，贪污受贿，图财害命，谋官害命。

（3）平衡是对情绪的调整。要学会自我调节，警惕不良情绪影响身心健康。要用理智去调节情绪，保持坦荡的心理。学会辩证法，遇事想得开，来点儿自嘲和幽默，开开自己的玩笑，有时可以舒展心绪、消除苦闷，使紧张的心绪在欢乐中得到放松。总之，要平衡心理，轻装前行。平衡不是一个贬义词，中医是讲平衡的，社会学、心理学应多讲平衡美。

人的这一生会有苦恼，会遇到许多困难，会有许多矛盾，也会处理许多复杂问题。人生就是在这样的搏击中前进的。我们的事业也是在这种不断克服困难和解决矛盾中前进的。工作中的苦恼、困难，通过沟通协调和大家的共同努力，问题有的已经解决，有的正在解决，有的还需要我们继续努力。

这就是工作，这就是事业，这就是我们的职责。今天如此，明天也是如此。但有时候遇到一些烦恼，个人无能为力。有的同志可能遇到过，你在前面干事，后面有人放冷箭，包括在政治上、经济上、作风上一些莫名其妙的中伤，给自己增加了思想负担。这虽不能看成普遍现象，但一个想干事的人，都会或早或晚、或多或少遇到类似事情，只不过有人清醒、有人麻木而已。

5. 正确认识生死。

生命是要用生命过程来诠释的，她的意义、她的价值、她的美，都表现在生命的延续和对生命价值的不断升华之中。所以有人活着已经死了，有人死了却永远活着，这是一个平凡却又十分严肃的生命价值话题。

人生是短暂的、有限的，要珍惜人生，让生命更有意义、更有价值。在有限的生命里多为社会、为人民做些有益的事情。花开自有花落时，人总是要衰老病死的。人的有限生命是按时间计算的，人的无限生命是由他对社会贡献的价值决定的。

在人生价值问题上有五句话讲得非常精彩：

（1）人生是渺小的，但有价值地活下去，就太伟大了。

（2）人生是短暂的，但卑鄙地活下去就太长了。

（3）我不能改变社会和世界，但可以改变自己的走向和方向。

（4）我不能改变生命的长度，但可以拓宽生命的厚度和高度。

（5）我可能成不了伟人，但可以成为一个有价值、有意义、快乐幸福的人。

人们常用"人生如戏"来抒发对人生的感叹。人的一生中，风风雨雨、酸甜苦辣、花开花落、斗转星移，世间百味都在其中。

从人生意义、人生目标出发，圆满幸福人生可以用以下三句话表述：

（1）"事业无须惊天动地，有成就行。"——不见得非要达到什么水平，攀升到什么职位，或跻身于哪一阶层富豪，只要能胜任某项工作，学有所成，也就可以了。

（2）"爱情无须死去活来，温馨就行。"——只要能找到一个情投意合的人，有一份好感觉，并将爱情进行到底，那也就不错了。

（3）"友谊无须如胶似漆，纯洁就行。"——朋友不一定非要好得分不开，只要彼此以诚相待，"君子之交淡如水"也就行了。

第九讲 强化团队合作意识

如果说农业经济、工业经济时代人们崇尚的是个人奋斗"单打式"的发展策略，那么知识经济时代则鼓励合作与交流的"网络式"的发展策略。我们处在共生共存的时代，更加强调与人合作共处。在当今时代，不懂合作的人也就不懂真正的竞争，在强手如林的世界，其最终会丧失竞争力和发展机遇。

一、建设团队的背景

所谓团队精神，就是大局意识、协作精神和服务精神的集中体现。团队精神的核心是协同合作，包括全体成员的向心力、凝聚力，反映的是个体利益和整体利益的统一。它是组织高效率运转的保证。

1. 市场经济发展要求弘扬团队精神。

市场经济是竞争经济，也是合作经济，竞争与合作不可分割、相辅相成。没有竞争，就没有活力，但没有合作，竞争也无从谈起。无论是自然界还是人类，都存在一个相互依赖的系统。在这个系统中，重要的不是个体，而是个体之间的相互联系。相互竞争只是手段，共同获取利益、求得发展才是目的。

工业化的推进、市场经济的发展有利于合作，同时也把合作推向了新的高度。现代工业和市场经济是建立在社会分工基础上的。有分工，才有交换；有交换，才有市场。而有分工，就需要合作；有合作，才有社会化大生产。分工意味着专业化，意味着人尽其才、物尽其用。但若没有合作，无论个人、企业还是区域都难以发挥自己的优势，从而就不可能享受到分工的利益。

2. 科学技术的发展要求弘扬团队精神。

现代社会中，重大科技项目的获得者往往是团体。一个人干事情可能不成功，几个人干事情可能会成功，几个专业不同的人合作干事情可能会惊天动地。特别是在学科交叉、技术集成、学科融合的背景下，个人作用越来越小，成就事业的关键点是集体合力。

现在重要的创新活动已经很少靠个人的单打独斗，更多的是跨学科的"集群式"创新。没有团队精神，不能协同攻关、集思广益，就很难产生很大的创新成果。在这个方面，我们应该向我国"航天精神"学习。载人航天工程，汇集了全国100多个行业、3000多个单位的几十万科技人员，形成了规模空前的大协作体系。如果没有各部门相互之间的默契配合、通力合作，"神舟"飞船就不可能升空。增强团结合作意识，要从日常的学习生活做起。同事之间应该经常交流沟通、互帮互学，学会正确的"争"、可敬的"让"，在共事中共同体验合作的优越性。

3. 政治建设、政治舞台，需要弘扬团队精神。

作为人类，我们没有人是完美无缺的，这就是我们为什么彼此需要。当跌倒的时候，我们彼此扶持；当灰心的时候，我们互相鼓励。一些人会成为领导者，另一些人将紧紧跟随，但是没有人能够独自完成这一切。

二、 团结合作的好处

团结合作是领导者的基本功，是重要的成功之道。记住一句话：如果你周围的人都希望你成功，你肯定会成功；如果你周围的人都希望你失败，你迟早会失败。领导不是单干，领导就是带领和推动大家干事的人，就是团结、组织和协调大家干事的人，就是团结和依靠大家干事的人，就是把上级的意图和个人的主张通过别人来实现的人。

团队出力量，出凝聚力、出生产力、出战斗力。不团结，就会抵消力量，变成内耗力。团结，逆境可以转为顺境，劣势可以转为优势。而不团结，顺境也会转为逆境，优势也会转为劣势。可以设想，在一个不团结的环境中，人人自保、人人自危，谁也不愿承担风险，也就不可能有改革创新。一个人有团结力、亲和力、号召力，是党性品德修养的集中表现，也是人格和风格的集中表现。作为领导者，主要职责是谋划思路、制定战略、指导和团结自己的下属去实施，为下属提供创造性思维的空间和实施雄才大略的舞台。因此，必须学会团结、学会合作、学会协调。一个不珍惜团结、不善于团结共事的人，不适合当干部，更不可能当好干部。一个人事业成功、职务升迁，离不开周围同事的支持。不少人出问题，背后都有不团结的祸根。善于团结合作，有团队精神，是一个人有本事的表现；不善于团结合作，是一个人没本事的表现。相互补台，好戏连台；相互拆台，都会垮台。在困难面前，最不好的做法是互相埋怨、推诿责任，这往往是引发不团结的一个重要原因。其实，推诿是自己欺骗自己，会让人们看到你的失职、怀疑你的人格。

团结合作还有利于身心健康。天南海北，你我能在一起共事，这是一种缘分。要珍惜这种缘分，彼此以诚相见、愉快合作，每天高高兴兴上班来，心情舒畅回家去，这对身心健康大有好处。反之，台上握手，台下踢脚，凡事都要争个高低输赢，将会带来无穷无尽的烦恼。团结既是成功之道，从某种意义讲，也是养生之道。

三、 团结合作的方法

第一个方法，要与别人沟通。团结的基础是共识，共识的前提是沟通，沟通的关键是相互理解。你不是我、我也不是你，彼此有不同看法很正常，重要的是通过沟通达成共识，通过协商找到平衡点。有了问题，有了矛盾，沟通起来会有些麻烦，要知道，不交流不沟通，麻烦会更大。

领导和群众需要经常沟通对话。群众是在认识世界层面上提出问题，领导是在改造世界层面上解决问题。群众考虑问题常常从"应当不应当""合理不合理"出发；而领导解决问题，必须讲"现实不现实""可行不可行"。群众提意见"说到不必做到"，领导办事情必须"说到也要做到"。

第二个方法，欣赏别人。看人先看长，千万别看人先看短。欣赏是真诚的流露，尊重的体现，把温馨送给别人的同时自己也会受到激励，播种的是关爱，收获的是友谊。心理学研究表明，每个人都有感知别人对自己看法的能力。当你欣赏别人或被别人欣赏之后，心情总是愉快的，情绪总是高涨的。一个人的爱心是从学会欣赏开始的，一个人的上进，是从发现别人的优点、长处开始的。当你不断发现周围的人优点的时候，说明你在进步。当你发现周围的人都不如你了，变成自我欣赏之后，说明你已经停止了进步。一个集体大家互相盯缺点，就是缺点的集合体，大家互相看优点，就是优点的结合体。古人讲得好：容人、容事、容言，退一步海阔天空，让一步风平浪静。

第三个方法，帮助别人。帮助别人，就是帮助自己，周围的人都能够成功，才是最大的成功。善有善报，恶有恶报，这不是封建迷信，而是合乎逻辑的结果。你帮助别人，别人也愿意帮助你，你善待别人，别人也会善待你。

> 19 世纪末的时候，有一位英格兰议员去苏格兰做一次重要的演讲。车子到了苏格兰乡村，突然天降暴雨，车子陷在泥泞里，怎么也出不去。一个过路的小伙子见状就跪在泥里，往车底下垫木头、垫石头，用了九牛二虎之力把车子给弄出来了。议员很感动，想给他一点报酬，小伙子淡淡地拒绝了。议员说："这样吧，我来帮助你实现一个心愿。"小伙子说："我这一生就想做一个医生，但是我们家太贫穷了。"议员说："那好吧，你去考医学院，如果你考得上，我一直资助你到大学毕业。"小伙子果然以很优秀的成绩考上了医学院，议员也履行了他的诺言，资助他完成了学业。又过了几十年，温斯顿·丘吉尔在摩洛哥得了急性肺炎，什么药都治不好，最后找到一种叫盘尼西林的新药才把他治好了。几年之后，丘吉尔成为英国首相。发明盘尼西林的亚历山大·弗莱明，就是当年苏格兰乡村的那个小伙子，而资助弗莱明完成学业的英格兰议员恰恰就是丘吉尔的父亲。①

四、倡导包容的优秀品质

包容是一种社会文明，是对多元权利的尊重和容忍。包容不是示弱、不是投降、不是逃避，而是自信自强的表现。包容不只是对别人的大度和接纳，更重要的是自我克制、自我战胜。

在中国文化中，包容的真正内涵是厚德载物、海纳百川、不同而和、和而不同。在英文中，包容可以解释为一种忍耐力，是尊重他人信仰的行

---

① 于丹：《构建和谐的心灵世界》，载《江西日报》，2007-04-30（B03）。

为能力或行动。2005 年，联合国教科文组织在《人权与文化多样性》的文件中指出："容忍"是 21 世纪国际关系中必不可少的价值观念。

从社会学角度看，包容指的是社会要素的聚集、荟萃、梳理和组合，由此实现社会和谐。从伦理学角度看，包容指的是人与人、人与社会的道德规范，严于律己、宽以待人。从政治学角度看，包容指的是团结一切可以团结的力量，发挥一切可以发挥的积极性。从经济学角度看，包容指的是经济资源优化、整合、利用。包容是未来的价值，联营是未来的结构。未来的全球经济发展趋势是，从单纯的竞争到合作型竞争，从追求独家利润到互惠互利，从独赢模式到双赢模式、多赢模式。在瞬息万变的市场竞争中，任何一个企业做到完全自给自足，不仅不再可能，而且不再可取。从行为学角度看，包容指的是行和万事通，行为要和顺、应天顺人。

包容旨在对人宽容、宽松、宽厚，尊重人、理解人、关心人，营造宽松和谐的人际关系。当别人取得成绩和进步时，应当高兴；当发现别人缺点时，应当以诚相待，帮助纠正；当发现同事遇到困难时，应当伸出援助之手，给予关照。人人都有优点，大家要互相学习；人人都有缺点，大家要互相提醒；人人都有个性，大家要互相包容；人人都有难处，大家要互相帮助。

当今时代是共赢主义时代，从世界发展过程看，先后经历了殖民主义时代、帝国主义时代、霸权主义时代。与前三个时代相比，共赢主义时代具有包容性、公正性、和谐性、可持续性等显著特点。和平而不是战争，合作而不是对抗，共赢而不是零和。21 世纪市场经济绝对不是你死我活、独霸天下的较量，而是互利共生的多赢。

21 世纪世界进入共赢主义时代，一个国家、一个民族乃至一个人的发展，不在于你拥有多少资源，而在于你能整合多少资源。共赢主义时代要求我们以包容之心、宽容之心、忍耐之心、大爱之心、沟通之心，与他人和谐相处、相互欣赏、相互团结、共同进步。

世和万事和。在当今世界多极化、经济全球化、信息普及化、危机多发化、文化多元化的时代，世界还不太平。人类可以遵守"万物并育而不相害"的和生原理。天地自然、社会人际、国家民族、宗教党派都是融突和合的生命体，都有生存在世的权利，都应和合共生、共同发育生长，而不能相害。可以遵守"以他平他谓之和"的和处原理。

在我国历史上，各民族之间之所以能够不断互动、迁徙和交融，与各民族的包容性密切相关。无论汉族还是少数民族，都展现出较强的包容性。这种包容性表现在多个方面。一是认为汉族和少数民族是一体或一家。如唐太宗在民族关系问题上强调华夷一体，声称自己对华夏和狄夷一视同仁、没有偏见。明朝统治者在夺取政权后，也强调华夷无间。清朝皇帝的华夷一统观念更为明确，强调在清朝大一统政治下，无华夷之别、内外之分。二是各民族之间相互通婚、相互学习、取长补短。历史上有些民族甚至主动"全盘汉化"，如北魏孝文帝的改革，鼓励说汉语、改汉姓、穿汉服、尊崇儒学，推动了各民族之间的大融合。三是不排斥国外文化和宗教。中华传统文化具有兼容并包、海纳百川的特点，佛教、伊斯兰教、基督教等传入我国后，都能与中华文化相融。①

包容是 21 世纪必不可少的价值观念，主要体现在以下方面：

包容是一种文化。由于人类社会群体的复杂性和利益诉求不同，导致现代社会价值取向的多元化。社会需要团结，形成一个共同体。习近平总书记运用求同存异、和而不同、和谐相处的智慧，彰显出"和谐、和睦、和平"的风范，推动了"人类命运共同体"的形成。正如费孝通先生所说，各美其美，美人之美，美美与共，天下大同。哈佛大学校长德鲁·吉尔平·福斯特指出："每当新生到校的时候，我常常会提起，哈佛是个多么多元化的大学，它可能是学生所生活过的最多元化的集体之一。来自不同种族、民族、国家的人们汇聚于此，他们政治观念可能各不相同，性别观与身份认同也各有差异。我们认为，这种不同是哈佛教育中不可分割的一部分。不管你是大学新生，还是满怀抱负的研究生，还是教职工，都能从哈佛的这种教育中受益……我们应该努力成为'包容的倾听者'……这是一个真正的学者应该具有的品质。大学言论自由——每个人都有权表达自己的观点，但是在你们未来的大学四年内，这种言论自由可能无形中会因言语不当而带来伤害。这些言论也许本来是一番好意，却因为误解曲解而事

---

① 何星亮：《中华民族在互动融合中形成和发展》，载《人民日报》，2016-07-22(7)。

与愿违。然而，这些都是哈佛在努力推动多元化中无法避免的过程，这一点我们会继续坚持……用心聆听，更包容地聆听，不要怕自己犯错，不要担心，勇于尝试，努力包容。让我们相互学习、共同进步。"① 作为现代人，应尊重不同的声音，容忍异己的东西，承认多元的环境。一个拥有包容心的人，就像一个好的乐师、画师和厨师。乐师的本事是能用不同的音律编排出优美动听的乐曲，画师的本事是能用不同的颜色描绘出绚丽多彩的图画，厨师的本事是能用不同的食材烹调出美味可口的佳肴。如果世界上只剩下一种音律、一种颜色、一种味道，再好的乐师、画师和厨师也无济于事。

包容是一种胸怀。中华民族是一个厚德载物、包容大度、海纳百川、谦逊谨慎、道德崇高的民族，也是一个顾全大局、登高望远、聪明睿智、以和为贵、天人合一的民族，因此能克服一切艰难险阻，能够做到"仇必和而解"，能够实现"己所不欲，勿施于人"。

包容是一种宽恕。人的容忍都是相互的，你不容忍别人，也就得不到别人的容忍。冤冤相报何时了，苦苦相逼何时消。

包容是一种容忍。容忍是修养的大学问，是品质的大提升，是人的崇高精神气质的表现。

包容是一种谅解。南非总统曼德拉曾被关押 27 年，受尽虐待。他就任总统时，邀请了三名曾虐待过他的看守到场。当曼德拉起身恭敬地向看守致敬时，在场所有人乃至整个世界都平静了下来。他说："当我走出囚室，迈过通往自由的监狱大门时，我已经清楚，自己如果不能把悲痛与怨恨留在身后，那么我仍在狱中。"原谅他人，其实是升华自己。尤其对伤害过、得罪过自己的人，不要不依不饶、怀恨在心、耿耿于怀，甚至置之死地而后快。所谓"君子报仇十年不晚"，并不是什么英雄气概，不值得提倡。

包容是一种情怀。中华民族是一个"民胞物与"的民族，视天下百姓都是我的同胞兄弟，"四海之内皆兄弟也"，天下万物都是我的伙伴朋友。

包容，是最重要的成功之道。一个人既要讲原则，也要有人缘。不讲

---

① 德鲁·吉尔平·福斯特：《哈佛大学校长开学致辞：成为包容的倾听者》，载新华网，http://www.gd.xinhuanet.com/newscenter/2015-09/08/c-1116494577.htm。

原则就没有战斗力，不讲人缘就没有亲和力。善于包容，是一个人最重要的本事，是很不容易做到的；而不包容是一个人没本事，是很容易做到的。没有宽容就没有人才，没有理解就没有团结。一个好的领导者，应当使你的同事和部下有一种安全感、成就感和荣誉感。

倡导包容，需要克服自以为是的心态。什么是自以为是？"是"就是对的，"自以为是"，就是总以为自己是对的，听不进不同的声音，不接受他人的意见。妄自尊大、目空一切、视野狭隘、目光短浅、坐井观天、一叶障目、思想简单化、方法碎片化、操作形式化，极大妨害包容健康心理。倡导包容，需要克服自命不凡的自负心态。倡导包容，需要克服自我膨胀的浮躁心态。"板凳甘坐十年冷，文章不写半句空"的人少了。现在不少人心很躁，急躁、浮躁、烦躁，最后导致焦躁，有的人焦躁起来，还可能出现狂躁。这个躁好不好？肯定不好，人的个性淹没在世俗潮流中，人格行为商品化、市场化了。自以为是、自命不凡、自我膨胀实质是孤芳自赏、自享自乐。我们要提升境界、埋头实干、奋发图强、积极进取，扎扎实实将事业推向前进。倡导包容，需要弘扬"君子文化"，大气大度。君子集中了众多优秀品质，《周易》有名句"天行健，君子以自强不息；地势坤，君子以厚德载物"，历来被作为中华民族精神的写照。《论语》讲，"君子喻于义，小人喻于利""君子坦荡荡，小人长戚戚""君子泰而不骄，小人骄而不泰""君子和而不同，小人同而不和"。弘扬君子文化，可能更形象、更亲切、更有力、更管用。倡导包容，需要向善行善、与人为善。善良是人的天性，善是人性之本、立身之基、宇宙之理。善良就是说应该记并能记好的话，干应该干并能干好的活。善良是人们对自己行为的是非善恶、应负道德责任的一种稳定的自觉意识。贝多芬说，没有一个善良的灵魂，就没有美德而言。人是这个世界上超级复杂的大数据系统，既有善良的一面、阳光的一面、帮助人的一面，也有罪恶的一面、贪婪的一面、丑陋的一面。随着人类越来越文明，人类也就越来越善良。善良是政策交往、友好相处的前提。倡导包容，必须与人为善、助人为乐、凭良心做人、凭良心做事，这是几千年来中国人为人处世的箴言，也是倡导包容的要求。倡导包容，需要拥有职业精神，全身心奉献。马克思有一段感人名言："如果我们选择了最能为人类福利而劳动的职业，我们就不会为它的重负所压倒，因为这是为全人类所做的牺牲；那时我们感到的将不是一点点自私而可怜的欢乐，我们的幸福将属于千万人。我们的事业并不是显赫一时，但将永远存在；而面对我们的骨灰，高尚的人们将洒下热泪。"① 我们要认真做事，用心做事，努力做事。用心做事，学会在奉献中享受工作，享受于工作目标如何实现的步步探索中，享受于问题矛盾如何化解的层层推进中，享受于严峻挑战如何把握的渐渐熟练中。不懈奋斗，享受人生。

包容不是无限制的迁就。现实工作中有三种人是绝对不能容忍、不能包容的：第一种，双面人，这种人喜欢玩办公室政治，他对上级是一个"版本"，对同事是一个"版本"，对他的下属又是一个"版本"，这样的人不管多聪明都不能用；第二种，负面人，这种人对任何事情都有抱怨，对任何现实的东西都不满意，这种人也不能用，因为正面的能量可以传染，负面的能量传染得更快；第三种，冷面人，对什么都不在意、玩世不恭、没有任何激情的人，这样的人对什么都打不起精神，最好也不要用。

五、 优化团队结构

弘扬团队精神，还要优化团队结构。

团队和谐不是没有差异，而是和而不同、丰富多彩。团队和谐，需要有一种宽容、宽松、宽厚的社会心态和思想环境。宽容是多元共生的条件，是避免冲突、矛盾激化的缓冲地带，也是求同存异、最终达成社会共识的途径。有宽容才有差异，有差异才能互补、才能百花齐放，做到和而不同。团队和谐并非就是"你好我好"的一团和气，也不是个性被压抑、矛盾被掩盖、问题被搁置的"和谐"，而是一种协调、平衡、有序的发展态势，内部各种要素都处于一种相互依存、相互协调、相互促进的状态中。

比如领导班子成员，有不同的学科背景，有年龄的差异，有不同的思维方式，也有不同的性格特点。这种差异可以使领导班子结构更加合理，思考问题更加全面，工作推进更加有力。领导的水平不在于消除异己、消灭不同，而在于能够求同存异、殊途同归。领导的责任就是通过沟通和协调，求得共识。决策导向就是一个求同存异的过程。只有经过权衡不同意

---

① 姜义军：《想起了马克思的那句名言》，载《中国青年报》，2011-07-25(2)。

见、比较多种方案，才能形成优化的方案，作出科学的决策。个性可以有差异，党性不能有差别，当党性与个性相抵触时，个性自觉服从党性；当局部利益和整体利益冲突时，局部自觉服从整体，做到求大同存小异，才能建成和谐领导班子。

六、结交优秀朋友

单丝不成线，独木不成林。朋友是人的一生最大的财富。人生成功除了正确的价值判断和价值选择外，还有一个重要因素是人和，就是看你选择和谁在一起。

每个人一生中有四种情感：乡情、亲情、友情、爱情。这四种情中，前两种情——乡情和亲情是不能选择的，而后两种情——友情、爱情是自己选择的。选择几个有头脑、心地正直的朋友，是一生幸事。

人生中有四种朋友不可缺少：第一类朋友，聪明朋友。交朋友一定要交比自己更聪明、更高尚的人。你是谁并不重要，重要的是你和谁在一起。和聪明的人在一起你聪明，和优秀的人在一起你优秀。人生成功的最大秘诀，就是学最好的人，做最好的自己。第二类朋友，患难朋友。官场上势利很重、商海中人情淡薄，所谓朋友多是逢场作戏。当你顺风顺水，不需要朋友时，或许身边有很多朋友；当你逆风逆水，真正需要朋友时，或许原来的朋友都不见了踪影。真正的朋友，不是在你成功时为你锦上添花的人，而是在你落难时为你雪中送炭的人；真正的朋友，不是在你得意时有请必到的人，而是在你失意时不请自来的人。第三类朋友，忘年朋友。与不一样的人在一起，你会有不一样的人生。年轻人最好结识几个年长朋友，而年长者最好结交几个年轻朋友。年轻人思想解放，年长者思想成熟；年轻人敢想敢干，年长者处世稳健；年轻人追求新知，年长者富有智慧；年轻人向往未来，年长者熟悉历史。彼此之间有很强的互补性，如果两者结成忘年之交，对双方都有很大好处。年轻人与年长者交朋友，可以从事业成功的人身上学到执着坚守，从生活平凡的人身上体会淡泊名利，从经历坎坷的人身上感悟教训警示，从过来人身上找到人生的经验启示。歌德曾经说过这样一句话：人如果从80岁往后活，那么有一半的人就会是天才。人当然不能从80岁往后活，却可以从80岁过来人那里汲取人生的智慧和力量，少走弯路。第四类朋友，随叫随到的朋友。朋友只有在不断交往中才能实现朋友的价值。那种"海内存知己，天涯若比邻"的朋友固然可贵，但远在天涯海角的朋友毕竟很难来往。如果身边有几个随叫随到的朋友，会给人生增加无限的乐趣。

生活经验告诉我们，没有朋友的人一般都是小人和怪人，经常换朋友的人大都不是什么好人。物以类聚，人以群分。选择朋友，不要蓄意巴结、有意高攀，最糟糕的交朋友是一帮酒囊饭袋聚在一起，整天胡吃海喝、胡吹海侃，除了酒肉来往，一无是处。这种人就是酒肉朋友，整天混在一起，从不谈正经事，互相卖弄点小聪明，这种人没出息，不堪造就。交朋友重道义，对朋友讲情义。中国人对待朋友与西方人的逻辑截然不同：西方人是，"没有永远的朋友，只有永远的利益"；对中国人来讲，朋友多了路好走。志同道合，是朋友；求同存异，也是朋友。和而不同，互利合作，才能共同发展。交朋友千条万条，归根结底就一条：诚信为本、与人为善、助人为乐。要想有朋友，首先必须自己够朋友。要想交到好朋友，首先自己要成为好朋友。

第十讲　加强思想作风建设

一、　培养勤奋读书的作风

事有所成，必须是学有所成，学习是前进的基础、事业的基石。打铁还需自身硬，领导干部素养和能力如何，直接关系改革发展的水平和效果。改革发展已经进入了攻坚的关键阶段，面临着不少的矛盾和困难，面对新的形势和任务，我们的干部的能力危机、本领恐慌的问题日益突出，必须加快知识更新，加强实践锻炼，使专业素养和工作能力跟上时代节拍，避免少知而迷、无知而乱，不断提升谋划推动改革发展的素养和能力。

学习是工作之基、能力之本、水平之源。当今世界和当代中国正处在大发展、大变革、大调整的过程中，新知识、新技术、新思路、新理念层出不穷。我们面临的机遇很多，变数也很多，我们不会的东西很多，我们在想问题、作决策的时候，可能会受到知识结构、知识背景的影响，打不开思路，出现认识偏差甚至判断失误，因此我们一定要加强学习。

现在有句话讲得很好，过去不识字的是文盲，现在不懂计算机和外语的是功能性文盲，将来不会学习的人是现代文盲。国际上对文盲有一种新的定义，即不会主动寻求新知识或不会把学到的知识应用于实践的人就是文盲。知识经济时代对每个人提出了新的要求。它包含了两层意思：一是知识更新的速度不断加快。我们今天知道的东西，到明天就可能过时。如果我们停止学习，就会停滞不前。二是只有坚持不断地抓紧学习，坚持不懈地终身学习，知识才能够使用一辈子。不学习知识就会老化，能力就会退化，思想就会僵化。

当前，干部面临的最大的挑战是能力的挑战、最大的危机是本领的危机、最大的恐慌是知识的恐慌。勤于学习，才能进步、才能适应、才能视野开阔、才能与时俱进；荒疏学习，必然陷于停顿、僵化、落后、落伍。整天陷于具体事务，满足于经验，就会成为狭隘的经验主义者。经验固然有用，但如果不去总结思考，经验永远是经验，不可能上升为智慧。现在我们很难将工作和学习截然分开，工作是学习，学习也是工作。我们身边有许多例子说明，如果在相同起点上起步，一个爱学习、爱思考的人和一个不爱学习、不爱思考的人，几年下来，两者的素质、能力、后劲和前途都是大不相同的。当你抱怨"辛辛苦苦却得不到领导赏识"时，不妨反思一下自己，是否因为放松学习而影响了上进的步伐，可以讲，干部的水平取决于自我学习的水平，干部的前途取决于自我发展的能力。

从某种意义上说，学习就是工作，学习就是为了工作，想问题就是在做工作，不想问题等于没做工作。一个干部天天上班，早来晚走，但不动脑子，什么问题也解决不了，这不能算一个好干部。脑力劳动没有上下班之分，他可能随时都在工作中。干部在学习上没有超人的付出，就不可能脱颖而出，在学习上没有大投入，在事业上就不可能有大成功。可以这样讲，八小时之内决定你的现在，八小时之外决定你的未来。

要加强政治理论学习。政治上的清醒和坚定，源自于理论上的清醒和坚定。领导干部加强学习，首先要搞好政治理论学习。我们要以坚定理想信念为核心，突出抓好科学理论、党风党纪、历史国情等方面的学习。当前，最重要的是深入系统地读原著、学原文、悟原理，把理想信念建立在对理论的理性认同、对历史规律的正确认识、对基本国情的准确把握之上。用科学理论知识武装头脑，打牢坚实的思想基础，把握正确的政治方向，不断提高科学决策、驾驭全局、发展事业的能力。

要加强业务知识学习。首先要系统学习现代管理理论与现代领导科学知识和现代管理知识，努力成为党建专家、管理专家。其次要加强岗位职责所必备的知识和能力的学习，加强与业务工作密切相关的新理论、新知识的学习，提高履行岗位职责的本领和运用新知识解决新问题的能力。还要加强对现代经济、政治、文化、社会、生态等方面知识的学习，加强对充满时代气息的新技术、新业态的了解。用现代科学文化知识和人类创造的优秀文明成果充实头脑，要做到学以致用。要发扬理论联系实际的学风，自觉运用学习成果去思考、去研究解决发展中的各种问题。深入学习领会党的十八大以来习近平总书记提出的一系列治国理政新理念新思想新战略，并联系实际转化为谋划发展的具体思路、落实发展任务的工作举措、推动科学发展的实际成效。坚持学以致用、用以促学、学用相长，切实把学习的落脚点放到提高思想认识、解决实际问题、开创工作局面上，在工作中不断提高自己、锻炼自己。

目前，干部学习遇到三个困惑：第一个叫学不完，知识太多；第二个叫学不懂，很多知识你不见得就学得懂，特别是在自然科学领域；第三个叫学不起，从投入产出的角度，投入很多产出不够，收效甚微。

在学习问题上，要避免四种不好心态：一是对立心态，就是把学习与工作看作是矛盾的、对立的，总以工作忙、时间紧为理由，而放松学习；二是惰性心态，就是把学习看成是空的、虚的，是可有可无的事，认为学不学关系不大、影响不大，缺乏学习动力；三是浮躁心态，就是对待学习浅尝辄止、不求甚解、浮于表面、急功近利；四是自满心态，就是满足于学过了，差不多了。干部在学习上存在两个问题：第一是坐不住。有些人认为干部不能坐着，坐着就显示不出工作忙。我们不要以为每天到处走就是工作，就是工作繁忙，就是工作繁重，应该深下去向实践学习，坐下来思考问题、研究事情。第二是深入不下去。有两种倾向值得注意，一是往往强调理论联系实际，弱化了理论的学习；二是理论学习简单化。作为一个干部，学习就是履行职责的应有之义。要在实际工作中检验学习成效，而不是看写了多少读书笔记。

在职干部，除了挤时间学习读书，还要掌握以下学习方法。第一，学会做框架学习。先把框架搞清楚，细节先放一边，了解一个地方，你不需要逐个胡同地去研究。有的领导缺乏框架性思维，介绍他的地区、介绍他的单位，讲了两个小时还讲不清楚，如果掌握框架了，十分钟就可以讲清楚。这是一个很重要的思维方式和学习方式。第二，学干结合。一个干部，光干不学，工作就会在同一水平上重复，造成"日功有余，年功不足"的状况。当然光学不干、纸上谈兵，学习也就失去了动力和目的。最好办法就是学用相长，急用先学、立竿见影，在实践中找系统而不是在系统性中找实用，在用学上下功夫。学用不结合，你用的是这个，学的是那个，没那个时间，你也学不进去。第三，要学会把握学习最重要的成果。学习最重要的成果是更新观念、调整思维方式。首先，从知识的角度看，如果你不懂你可以问别人，但是观念你不能问别人，观念在你的头脑里，别人代替不了你。其次，知识在某个具体问题上起作用，观念在所有问题上起作用，因为观念不是别的，它是一个长期起作用的要素。第四，联系实际学。联系时代发展实际、改革发展实际、思想实际、工作实际，经常研究一些实际问题，并把它加以提炼，写成文章，既是收获，又是新的耕耘。一个干部的水平、能力体现在什么地方？就是体现在"结合"二字上，就是把理论政策与工作实际等结合起来，创造性地开展工作。第五，要选择适合自己的学习方式。书籍好比食品，有些只需要浅尝，有些可以吞咽，只有少数需要仔细咀嚼、慢慢品味。所以有的书只需要读其中一部分，有的只需要知道其梗概，而对于经典，就需要通读、细读、反复读。第六，要学会有效学习。除了要非常努力之外，更重要的是进行有效学习。如何有效学习？在此提出以下观点供参考：计划比随意重要。学习应制定切实可行的计划，这样可能会比较慢，但能使你以质量取胜。浏览比精读重要。信息喷涌，精读局限狭窄，未来学习的重点，不在于你学到多少，更在于你是否知道。学力比学历重要。学历反映一定的学习过程，学力是反映学习知识、创新观念和行为的能力。常识比知识重要。知识的来源是书本，常识的汲取是经验，通过自身体验，将理论转化为经验。终身比一时重要。一个人在学校学习的东西，大学毕业后五分之一就淘汰了。停滞就是落后，唯有终身学习才是生存之道。第七，多练、多悟。"多练。眼过千遍不如手过一遍，实践是最好的老师。机关工作实践性、操作性强，无论是调查研究、文稿起草，还是组织协调、对外交往，要成为行家里手，都必须经过反复练习，不断实践。只有通过多次练习和实践，才能将书本道理和他人经验消化吸收，变成自己的实际能力。要抓住每次机会，尽最大努力做好每件事情，即使校对一份文稿，摆放一个桌签，制作一个胸牌，都要一丝不苟、精益求精地去完成，从中积累经验、增长才干。实践证明，磨炼越多，积累越多，入门越快……多悟。处处留心皆学问。做好机关工作，贵在勤于思考，多动脑筋，做有心人……要善于总结，工作一段时间或一项重要工作结束后，对任务完成得好，经验在哪里，工作不顺利，原因是什么，都应及时总结、认真分析，避免工作的低水平重复，尤其是要防止犯同样错误、出同类失误；要讲求方法，无论是谋划工作、开展工作，还是总结工作，都要注意方法，善于积累，努力做到由此及彼、由表及里，举一反三、触类旁通，不断提高工作水平和层次。"①

勤奋读书学习，还要注意加强调查研究和尊重客观规律，这就要求党员干部无论做决策、定措施还是抓落实，都要从实际出发，进行科学论证，不能情况不明决心大、方法不对"点子多"，完全以主观感受、以旧有的经验、以个人的喜好进行决策。干部要自觉学习、重视调研、勤于思考、善于总结，在实践中不断深化对规律的自觉认识。研究和尊重客观规律很重要的一点，就是要研究经济社会发展的目标任务，吃透国情。我国经济社会发展的目标任务是科学发展、和谐发展、率先发展。科学发展，就是要转变发展观念、创新发展模式、提高发展质量、促进经济社会全面协调可持续发展。和谐发展，就是要高度关注民生、正确处理各种利益关系、加强资源节约和环境保护，努力实现人与人、人与社会、人与自然和谐相处，在维护稳定、增进和谐中实现发展。率先发展，就是要保持经济平稳健康增长，不断壮大整体实力和竞争力，努力在发展中保持强劲态势。科学发展、和谐发展、率先发展都强调了发展，关键在于用新的理念指导发展，落脚点是达到又好又快发展，三者相互联系、相互促进，是一个有机统一的整体。党员干部一定要明确这个目标任务，按照这个目标任务研究制定相应的工作措施，把发展推向更深层次、更新阶段、更高水平。

读书学习的一个重要问题，是重视培养记忆力。现在很多人有个误解，认为读书学习就是反对死记硬背，认为"只要学会在需要用知识时能查找到它们就行了，不必花很大力气去记忆很多知识。计算机的广泛应用客观上也助长了这种误解。因此，记忆力的培养被很多人忽视了……其实，记忆力是极为重要的素质，而且是其他所有素质的基础。一个人的知识毫无例外都是通过记忆获得的。说某人很有学问，实际上就是因为他记住了很多东西。说某人很聪明，是因为他记住的东西很多，而且能用记住的东西去解决很多问题。说某人'笨'，'什么都不懂'，并不是他脑子有毛病，而

---

① 中国统一战线杂志社：《新进机关的干部怎样尽快入门》，载《中国统一战线》，2007(6)，21～23页。

是因为他记住的东西太少，或不会运用记住的东西。因此，记忆力的强弱是人的智力开发程度的主要标志。人的创造力、业绩、成就，很大程度取决于他的记忆力。各行各业的杰出人物，我们党和国家的许多领导人，无一例外具有极强的记忆力。他们'博闻强记'，首先是因为'强记'，有超乎常人的记忆力，然后才会'博闻'。记忆力的强弱也是决定人们生活质量的重要因素。一个人要是'忘性'很大，老是丢三落四的，生活是不会顺畅的……计算机这个工具是有用的，但千万不要成为它的奴隶。对它的依赖程度越高，人的智力就越低"[①]。现在有个现象值得注意，就是自主记忆力的衰退。把记忆力交给电脑，把所有知识交给数据库。以前，我们总是想拼命记忆某些东西，现在已经没有这种动力了，认为"没关系"，电脑里有，手机里有。我们可以设想，有一天，我们的手机丢了、电脑丢了，很多东西就丢失了，或者全世界断电了，或者被外星人的病毒攻击了，整个人类就要倒退几百年。

现在很多人不是在读书，而是在查书，检索是他们最大的能力。读书学习被网络取代后，人们阅读思考的注意力已经没有了。今天我们的知识面比以前宽得多，几乎什么都知道，但什么都不知道。知识广博但很少强调思维的深度，我们是知道分子，不是知识分子。我们的知识以在网络得到为主，好处是很活跃，坏处是没办法集中精力在一段时间里面弄清楚和做好一件事情。通过计算机网络的读书学习，还容易产生表述的片段化、碎片化。微博对我们来说是一个很大的误导，每天习惯写100多字的微博，养成了这个习惯，就很难再改变了。

我们要学会对信息的记忆、储存和加工。我们反对死记硬背，但绝不能忽视记忆的重要。所谓死记硬背，是不分主次，不管是否有用，要把所学的东西都记住，把杂乱无章的信息装满脑袋，再现的产品是原始输入信息的复制品。但科学的记忆是完全相反的，它记忆是有选择的，储存是有规律的，加工是有创造性的。

记忆是十分重要的。现在不少人不愿记忆，这是不对的。无论科学家、作家、发明家，他们都有惊人的记忆力。不愿记忆是怕吃苦的表现，是一

---

① 毕全忠：《重视记忆力的培养》，载《人民日报》，2007-08-23(13)。

种思想懒惰。记忆力就像人的肌肉一样，越练越发达、越使用越强，只要坚持锻炼、保持健康心态，每个人都会有良好的记忆力。

增强记忆力有三种方法：第一，保持大脑的生理卫生，这是增强记忆力的物质基础；第二，学会激活大脑，挖掘大脑的潜力；第三，培养联想能力，充分发挥记忆钩的作用。

二、 摒弃自以为是的作风

多年来，群众对领导干部"自以为是"的不良风气反应强烈，这已成为严重影响我国经济发展环境和城市形象的顽瘴痼疾。我们要实现"中国梦"的宏伟目标，必须旗帜鲜明地反对自以为是。

"自以为是"的根源是什么？一是自我封闭，二是自我陶醉，三是以自我为中心。这不仅是一名党员干部安身立命的大忌，更是我们推动发展、落实工作的大忌。围绕"反对自以为是"这个主题，我们要讲三句话。

第一句话，眼界决定境界，坚决反对自我封闭。眼界越开阔，境界就越高远，古人说登高才能望远。视野越宽广，应对复杂局面就越沉着自如。改革开放以后，我们一些干部去国外考察城市管理、产业发展。我们经常讲，有些干部具有国际视野。他们对标国际，视野就开阔。比如说绿化，我们原来认为搞好绿化就是要"绿"，绿了才叫绿化。现在我们才明白，绿化不一定全绿，四季不断地变化才是美的，该落叶的时候落叶，叶子该变黄的时候要变黄，适合本土特点的才是最好的。我们视野开阔了，应对问题才能游刃有余。习近平总书记强调，要拓宽眼界和视野，着力避免陷入少知而迷、不知而盲、无知而乱的困境。在"打造创新型国家，建设现代中国"持续深入的关键时期，顶层如何进一步做好设计的文章，中层如何进一步做好结合的文章，操作层如何进一步做好落实的文章，关键在眼界，重点靠境界。以什么样的眼光把握目标定位，决定着工作推进的层次、方向和速度；以什么样的境界去认知现代中国的深刻内涵、解读国民期盼、突破瓶颈壁垒，决定着决策、管理的力度、深度和精度。

现在有些干部仍存在着眼界不宽、境界不高的问题，具体表现为以下三个方面：一是坐井观天的小视野——看不广。以官职自居，以级别待遇为荣，自认为高人一等、胜人一筹。有级别不代表有地位，更不意味着有实力。我们纵向比是有成绩，但横向比还是有差距，不能沾沾自喜。二是一叶障目的短视线——看不远。视界不远，就会在既得利益面前成为"近视眼"。有些干部视界不远，肯定就会做些表面文章，做些"短平快"的事情。要深层次、长远性地考虑工作。如果只考虑眼前，极易造成思想上的简单化、工作上的机械化、方法上的碎片化、操作上的形式化，对工作危害极大。所以一定要立足长远，考虑问题才能系统化、整体化。三是盲人摸象的偏视角——看不全。因势而谋，才能谋定而后动；顺势而为，才能有效作为。有的干部缺乏对大势的认知能力、对全局的把握能力，一切凭经验、凭感觉办事，必然会守着老框框、老条条，习惯老套路、老方法，对新理念、新知识、新事物不敏感、不接受。我们的干部一定要对新事物新理念敏感，要有新的思想、新的理念，来突破老框框、老条条。看不广的小视野、看不远的短视线、看不全的偏视角，其实就是"自我封闭"的产物，如不及时纠正，就有可能成为"小算盘、小心眼、小手笔、小眼光、小农意识"的"五小干部"。"风物长宜放眼量"，我们要"不畏浮云遮望眼"，就要不断自我反省，从自我封闭中走出来，对"自以为是"的思想和做法坚决予以反对。简而言之，就是要用一流的标准来要求自己，这样我们才能快速、高水平、高质量地发展。

第二句话，心态决定状态，坚决反对自我陶醉。习近平总书记在庆祝中国共产党成立95周年大会上强调，面向未来，面对挑战，全党同志一定要不忘初心、继续前进。不忘初心，是一种情怀和心态。什么样的心态，决定工作中展现出什么样的姿态；什么样的姿态，就会反映出什么样的工作状态。实践证明，一支队伍在不在状态大不一样，一般在状态和特别在状态更不一样。干事创业，心态是关键，内因起决定作用。

保持健康向上的状态，必须努力克服以下心态：一是小富即安的自满心态。一些干部自我感觉良好，安于现状，不思进取，把平庸当中庸，缺乏奋勇争先、争创一流的追求，缺乏"拼、闯、抢、争"的一股劲、一股气。外面的世界很精彩，千万别自我封闭。有一句话很流行："世界那么大，我想去看看。"把这句话改一改："世界那么大，你该去看看。"我们要真正实现跨越发展、后来居上，必须彻底摒弃小富即安、小成即满的心态，牢固树立永不满足、不断进取的精神。二是自命不凡的自负心态。有的干部觉得自己很了不起，很自负，觉得自己有水平、经验丰富。还有的干部，别人能干的自己干不了，还整天怨天尤人、牢骚满腹，其实就是无能和自负的表现。三是自我膨胀的浮躁心态。有的干部板凳没坐热，就想着下一步怎样，自我设计路线图。

习近平总书记说过，历史总是要前进的，历史从不等待一切犹豫者、观望者、懈怠者、软弱者。只有与历史同步伐、与时代共命运的人，才能赢得光明的未来。小富即安、自命不凡、自我膨胀，实际就是犹豫、观望、懈怠、软弱的体现，就是孤芳自赏、自享自乐的体现。我们的职业，我们所处的这个阶段，享受生活恐怕是一种奢望，但是我们要学会享受工作。我们要享受于工作目标如何实现的步步探索中，而不是陶醉于小成即满的"成绩单"中；要享受于问题矛盾如何化解的层层推进中，而不是陶醉于过往成就的"当年勇"中；要享受于严峻挑战如何把握的渐渐熟练中，而不是陶醉于过去写下的"功劳簿"中。每名党员干部都要牢固树立正确的世界观、人生观、价值观，时刻自重、自省、自警、自励，做到先立德、再立身，先立业、再立言，少说多做，甚至是不说多做。

第三句话，思想决定行动，坚决反对以自我为中心。一心可以丧邦，一心可以兴邦，只在公私之间尔。领导干部手中掌握着公权力、掌管着公共资源，公私分明、秉公用权，是起码的政治道德和为政操守。在此之上，习总书记给领导干部提出了更高的要求，强调领导干部要大公无私、先公后私、公而忘私。我们一定要时刻牢记总书记的教诲，不断提升思想境界，自觉做到夙夜在公、一心为公。

三、 倡导求真务实的作风

务实是党员干部应有的基本品质，不务实绝对做不好工作。在其位必须谋其政，每个党员干部必须清楚认识自己工作的目标是什么，存在什么问题，要研究解决问题，讲究质量，讲究各方面的有进步、有超越的标志性成果。今后干部考核主要考核实绩，特别是通过努力取得改善和进步的实绩。

为政之要，重在落实。改革发展大政方针已定，我们的任务就是落实、落实、再落实。重大工作部署、重要会议精神、领导的重要批示、各种会议和调研过程中所确定的事项以及领导交办的事项，都是我们抓落实的重点。我们要紧紧围绕这个重点，全力以赴抓好落实。根据总体安排，抓好重大决策目标责任的分解，协调好方方面面的关系，调动好方方面面的力量。要强化"全员抓落实"的观念。对每一项工作，都要自上而下层层分解任务，责任到人，对每一项工作的完成情况都要自下而上层层监督把关，承担责任，绝不能让任何一项工作悬在空中、停在半路。要建立考核机制，通过合理的制度标准和方法，衡量每一个人抓落实的成效，使每一项工作都有布置、有检查、有考核，做到人人身上有任务、有目标、有压力，促使人人动脑筋、出主意、想办法。

求真务实，狠抓落实。党建工作忧无策，更忧有策不落实，要做到少说多做、说到做到、说好做好。对定下的事、看准的事、达成共识的事，要立说立行、马上就办、办就办好。要遇到困难不畏缩，遇到挫折不气馁，有一股不达目标不罢休的韧劲儿，以实实在在的工作，求得实实在在的效果。要善于思考、调查研究、总结经验、求真务实、开拓创新。要严谨而不保守、活跃而不轻浮、锐意创新而不哗众取宠、追求真理而不追逐名利，切不可粗枝大叶、得过且过、做表面文章、搞形式主义，切不可忙于事务、疲于应酬。观念创新是先导，制度创新是根本，实践创新是支撑。如果没有实践创新，观念制度的创新只能是纸上谈兵、停留在理想阶段。实际上很多问题和矛盾大家都看到了，都说应该去做，但就是没有去做，或者不知道应该怎么做。观念决定思路，思路带来出路；制度产生活力，操作就有效益。要从具体问题抓起，从一件一件实事抓起，作出明确的、具体的、可操作的、可检验的规定，形成有效机制和长效机制。关键不在于操作，在于一项工作一项工作地落实、一个领域一个领域地深化。如果我们的决策，定一项是一项，项项算数，如果我们的工作干一件是一件，件件落实，我们就能形成凝聚力，就能开创新局面。

四、 发扬干事创业的作风

干事创业，在有所作为上见成效。党员干部干事有所作为，就是要推动改革，促进发展，维护稳定，创造实实在在的业绩。概括来讲就是四点：

一是要想干事。想不想干事，是机关和机关干部有没有作为的前提，它体现了一种事业心和责任感。想干事的人是热爱生活的人，是否热爱生活与事业心强弱有很大关系。那些想干事的人，生活总是十分充实的，即使有什么不快，他们也可以用事业上的追求将其冲淡，甚至彻底赶跑。

二是要会干事。会干事，要做到既会谋事，又会办事。会谋事，就是要善于吃透上情、把握下情，善于围绕党的路线方针政策，围绕发展的重点难点出谋划策，善于创造性地开展工作；会办事，就是要善于突出重点、把握关键，抓好工作推进落实，把计划变成现实。

三是要干成事。干成事就是要把领导作出的决策部署落实到位，把影响改革发展稳定的矛盾和问题解决到位。一个人能力有大小，是否成功，不在于你做了多大的事，而在于你是否做了该做的事。犹如农民用汗水浇灌出茁壮的禾苗就相当满足，工人用巧劲制造出合格的螺丝钉就该骄傲一样，只要你用勤劳履行了自己的职责，就应算作是一种成功。做群众需要的事，是一种责任；做别人未做过的事，是一种探索；做自己想做的事，是一种快乐。但不管做哪种事，都应当实实在在。做表面文章，是对责任的亵渎；做虚假文章，是对人民的欺骗；做违心文章，是对自我的讽刺。要干成事，需要解决两个问题：一个是要追求工作的有效性。有效性的反义词是"花架子"。"花架子"其实是思想贫乏的一种现象，也是无能的表现。有效性来自针对性，针对性强的人，工作有效性一定好。另一个要强调操作性，不能坐而论道。实干兴邦，空谈误事，要先干，运行起来才有效果。

四是要有胆量干事。就是要有承受挫折、承受失败的胆量和勇气。实践证明，世界上不缺有才华的人，但是缺少有胆量的人。真正做大事的人，不一定都是精明的人、聪明的人，但一定是有胆量的人。天下大事一定要有胆量才能做得到、撑得住。英国有位著名科学家认为，胆量往往是承受生活中一切艰辛、做一切事情的根基。

第十一讲　落实立德树人任务

一、　坚持以学生为本的办学思想

教育是去引导，不是去左右；教育是去影响，不是去支配；教育是去感染，不是去教训；教育是去解放，不是去控制。真正的教育是以学生为本的教育，让人体验美好、体验崇高、体验成功，培养其积极的人生态度、丰富的思想体系。坚持以学生为本的办学思想，需要切实做到以下三个坚持：

1. 坚持以学生为首位。

教育的根本任务是培养人，但这个本源价值在相当长的时间被我们淡忘了。改革开放前，教育的主要任务是为政治运动服务；改革开放后，我们又强调教育的功利价值；现在我们应当重新认识教育，教育要融入生活、潜入人生。现在大学的教育功能与传统相比有了很大拓展，但很容易在拓展科技创新、社会服务、传播文化等功能的过程中忽视了高等教育的核心价值——育人。高等教育核心价值的淡忘和偏离已经严重影响到人才培养质量。

现在有些教师存在浮躁之风，对学生不负责任；有的教师甚至认为，围着讲台转太傻，因此不能很好地备课、上课；有的教师采取一贯制，十几年都拿着同样的备课稿去给学生讲课，被人戏称为"拿着一张教育的旧船票，每天都在重复昨天的故事"。有的学校新生上学一个学期了，连班主任的面也没见到。学生给班主任发电子邮件几十封，班主任说知道了，但也没见过面。教师和学生零距离交流越来越少了，学生中传颂着教师的故事越来越少了。有的学校在郊区，教师上完课就赶班车。白天学校教师教书育人，晚上学校保安育人。少数教师没有人生追求，认为拿多少钱就干多少事儿，甚至以收入作为衡量价值的标准，出现上课走过场，下课抓创收，分数高不高，全凭关系网；你给我多少好处，我给你多少照顾，有损师德形象，偏离预定轨道。

现在对于高校育人工作往往是说起来重要，但做起来次要。人们对高校办学水平的评价依然存在着根深蒂固的"GDP"崇拜，就是重视学位点、重点学科、科研经费、科研获奖等，领导和教师的兴奋点集中于此，对教学缺乏投入，对学生缺乏热情。有位校长用了四个"太"字描述当前的问题：外面的世界太功利，学校的氛围太浮躁，虚拟的世界太精彩，科学的精神太淡漠。育人是学校最初始、最基本、最重要的职能，今天这一职能却被边缘化了。高校当前最大的问题就是育人意识的淡化。

坚持育人首位思想，当前要着重做好以下工作：

（1）迎接大数据挑战。随着信息技术的发展，大数据分析的应用已经成为当今学生工作发展的趋势。被誉为大数据商业运用第一人的维克托·迈尔·舍恩伯格提出，大数据改善了学习的三个核心要素：反馈、个性化和概率预测。面对大数据时代，我们该如何进行学情数据挖掘，以数据做支撑，改变传统学生工作的经验式模式，既能为学生提供高质量个性化的服务体验，又能改进学生工作者的工作方式，提高效率。在这方面，很多高校已经开始了全新的探索，为学生工作开辟了全新的视野和平台。

（2）认识高概念、高感性时代。丹尼尔·平克在《全新思维》一书中写道，现在，以"左脑"统治的逻辑、线性计算能力为主的"信息时代"即将过去，我们正在迈入"概念时代"。换言之，我们从"E时代"进入了"U时代"。这是一个全新的以创意、共情、模式识别、娱乐感和意义追寻等"右脑"能力为主导的时代。这个时代拥有一种全然不同的思维形式和生活方式，这就是"高概念"和"高感性"时代。在高概念和高感性时代，我们应当怎样激发学生的创新意识、发展其形象思维，这是一个重要课题。

（3）发展学生个性。何为个性？简单讲是天赋，一般表现为兴趣、爱好、特长。工业社会的特点是标准化，信息社会的特点是个性化，没有个性就没有人才，就没有创造性。个性是教育的灵魂。胡锦涛同志在清华大学百年校庆上首次明确提出保护个性、彰显本色、发挥优势潜能，才能成为创新人才。习近平总书记在2014年两院院士大会上讲话时指出，要按照人才成长规律改进人才培养机制，"顺木之天，以致其性"，避免急功近利、拔苗助长。每个人都有个性和天赋，每个人的个性和天赋又都不一样，如果用不符合每个人个性和天赋的方式强迫他去做，是不可能达到预期目标的。人无个性必平庸。个性越强，越能出类拔萃，取得成功。如果求全，只能助长平庸，抹杀卓越，埋没人才。一个人能在某一领域做出突出贡献，即便其他方面差一些，这个人就是有价值的人。许多对人类做出突出贡献的人，可能在其他方面并不高明，甚至是低能的，这丝毫也无损其伟大。如果在人才培养上只着力于补短，就必然没有时间去扬长，人才就会被扼杀。我们的教育就是要帮助学生找到其与生俱来的天赋，发现每个学生的长处，并且最大限度去发展这个长处，根据天赋给学生提供发展空间。努力发现学生的长处，激发的是学生的自信；专门注视学生短处，激发的是学生的自卑。对学校讲，最好的教育不是技巧和知识，而是让学生活出自己，活出精彩的原创。每个人都是独一无二的，都有特质，都有价值。

2007 年美国的盖洛普公司对世界三十位优秀人士做了一个系统研究。他们发现优秀人士获取优秀成绩的主要原因是由于他们在职业上充分发挥了他们天赋的能力。该公司提交的一个研究报告，有四个观点非常好：第一，每个人都有天赋，只不过摆错了位置或者没有努力发掘出来；第二，每个人的天赋都是持久而独特的；第三，只要找到自我天赋，并把它在正确的地方发挥出来，你我都是快乐天才；第四，每个人的最大成长空间在于他最擅长的领域。

天赋对成就一个人的事业至关重要。如果我们能在自己十分喜欢又极具天赋的领域干事创业，是人生的一大幸事。借天赋做事，一定会顺天从人，得心应手，如帆得风，如鱼得水。过去我们总认为每一个人最终成功主要在于刻苦努力，总是拒绝排斥人的天赋，就好像人生秉性能力一样，不存在天赋。爱迪生有句名言鼓励了很多人，就是"天才是 99％的汗水加 1％的灵感"，实际上爱迪生还有一句更能体现他本意的话，就是"但这 1％的灵感远远比那 99％的汗水更重要"。爱迪生的话，如果只记住前半句，盲目相信勤奋出人才，在自己没感觉、不擅长的领域拼搏，最终将会一事无成。有没有后半句，意义大不一样。一个五短身材的女孩，哪怕她再刻苦100 倍也达不到杨丽萍跳孔雀舞的水平，如果她的这份刻苦用在举重竞技中，可能拿到世界冠军。百米跨栏冠军刘翔，对跨栏天赋极高，他每天训练的时间也不多，但充分发挥了自身的天赋，是凭着灵性训练的。顺应天赋不是不要刻苦努力，只是这份刻苦必须符合人的发展需要。

教育要尊重学生个性发展，发挥学生优势潜能。从而我们就不难理解为什么当年美国总统小布什提出的教育计划中，将美国人民的潜能，看作是美国最大的财富，而不是广阔的土地、丰富的矿产、浩瀚的海洋。这就是为什么国外大学寻找学生时，将发展潜质放在第一位，而不是将考试分数放在第一位。

培养个性天赋，需要包容学生的多样性。学校要正视学生的差异性，为学生制定个性化学习生涯规划，配备个性化发展导师，安排个性化实践岗位，需要变模式化教学为模块化设计，设计菜单式的教学内容模块。学生可以根据自身知识水平和兴趣爱好选择学习不同内容模块，组合自己的知识，发展自己的能力。在课程形式方面增加灵活性，减少课堂教学分量，增加实践性、活动性、操作性、自主性课程，需要让学生自由探索、自主学习，自然而然地脱颖而出。对成绩优秀的学生跳级、转学、选修高学段课程、提前毕业等给予支持。发展学生个性，还需要为每个具有个性天赋的学生提供个性化成长的优质教育平台，让每个学生都能释放和张扬个性，让每个学生获得人生中最宝贵的发展经历和成长经验。

新常态下的教育，应当以人为本，尊崇学生个性。我们相信学生的学习潜力和发展可能，为他们提供多样的课程支持，把学习选择权还给学生，让学生为选择负责。需要将校园交给学生，使校园成为真正的学园、花园、家园、乐园。在这里，学生有充足的时间来交往、奔跑、遐想。

（4）坚持以学生为主体。尊重学生主体地位，了解学生主体需求，激发学生主体创造力。

学生是权利主体。要把学生看作是教育法律关系中的权利主体，把教育同学生的知情权、参与权、表达权和监督权有机结合起来，提高学生主体意识和责任意识。

学生是行为主体。要把学生看作是能动的、有创造力的行为主体，把外在引导与学生的内在需求有机结合起来，充分发掘学生的创造潜能。

学生是生命主体。要把学生看作是有血有肉、有情有欲、有生命尊严的生命主体，把知识传授与健康人格教育有机结合起来，帮助学生认识生命、珍惜生命、尊重生命、热爱生命。

学生是发展主体。要把学生看作是自主发展的发展主体，把学生成长成才与发展个性有机结合起来，真正以个性为主体构建人才培养模式。

（5）坚持热爱学生。

大学有三大：大爱、大楼、大师，三者的关系是大楼为体，大师为根，大爱为魂。这些年学校大楼多了、空间大了、条件好了、大师名师多了，但总感到大楼、大师之外，还需要有更重要的东西——大爱。陶行知说："捧着一颗心来，不带半根草去。"有位著名教授说："学术是我生命的延续，学生是我子女的延续。"

师爱是师魂，是教师素质的核心。教师不应仅仅是传授知识的教书匠，更是塑造学生心灵的"雕塑师"。教师既要有学术魅力，更要有人格魅力；既要做经师，更要做人师。经师易得，人师难求。教师教知识——解惑，这是经师；教师教能力——授业，这是能师；教师教智慧——传道，这是人师。一个教师如果只知道"授业""解惑"，而不"传道"，不能说这个教师完全称职，充其量只能是经师、能师，而不是人师。一个优秀的教师应该是经师和人师的统一，既要精于"授业""解惑"，更要以"传道"为使命。

（6）坚持正确的学生观。

有人说，选择一所学校就是选择一种文化。什么是学校文化？不是校长夸夸其谈、不是标语满墙、不是高楼林立、不是理念如花，是沉淀于师生行为之间的一种约定俗成的习惯。

学生观就是办学观。也就是说，一个学校是如何看学生的，就标明着这是一所什么样的学校。有位大学校长访谈一位学生，请教他眼中的好学校，那位男生不假思索地回答："能把俺当作一回事儿的学校。"大道至简，好学校就是在乎学生的学校。

学生工作，其实是学生观工作。学生观是出发点，一所高校的招生简章充分体现了其学生观："从小到大，你一直是这样一个人，爱思考，有创意；擅表达，不惧怕权威；幽默、好玩；皮实，耐挫折。说实话，这些特点可能入不了许多人的法眼。但我更珍惜你的格格不入，更希望你永葆自己的与众不同，偏偏选择你，也因为我自身的气质与你相符。"不管怎样，这是基于学生的视角体现尊重学生个性发展的学校办学历程宣言，比起那些满篇只有自己看得懂的大话、空话甚至鬼话的招生简章来，是个进步。

对于学生，有位学生工作研究专家的几点见解可供参考：学生不是不喜欢安静，只是找不到通往安静的道路而已；学生不是沉迷于网游，只是找不到更好玩的事而已；学生不是不爱学习，只是找不到学习的意义而已；学生不是肆意破坏，只是找不到更合适的表达方式而已。总之，学生有自己宏大的内心世界，我们应当怀有敬畏之心。

那么，什么才是好学生？现在大学里的好学生，不再是把知识背得烂熟于心的学生，而是能独立思考、发现问题、提出问题、解决问题的学生。这是一个人学习走向成熟的鲜明标志。好学生的标准是什么？诺贝尔奖获得者丁肇中认为，好学生不一定是考试分数高的学生，而是要会提问题、会提好问题的学生。一个好学生的标准至少应该有三条：一是具有扎实的专业基础知识；二是掌握科学的思维方式；三是要具有三种能力，也就是要具有独立思考能力、创新创业能力、社会担当能力。这三条标准应该是一体的，只有具备这三条标准的学生才是真正的好学生，才是真正的学霸。如果只是成绩单上的学霸，只是靠记住公式、背知识、考高分的学霸，社会是不认可的。真正的学霸应该是基础知识扎实、思维方式科学的，具有独立思考能力、善于想象创新的高水平学霸。

2. 坚持服务学生。

服务学生要在引导中融入要求，生活中蕴含教育，管理中体现导向，服务中潜移默化。建立健全学生服务体系主要包括：一、学业发展服务体系，帮助学生制订学习计划，学会自主学习、有效学习；二、就业指导服务体系，帮助学生做好就业准备；三、心理咨询服务体系，帮助学生保持良好心态、健全人格；四、困难资助服务体系，帮助经济困难学生完成学业；五、素质拓展服务体系，帮助学生发掘自身潜能，提高综合素质；六、思想教育服务体系，帮助学生解决思想问题和实际问题。

3. 坚持研究学生。

研究学生要正确认识三个关系：一是主流与支流的关系。要把握主流，主流决定支流，同时关注支流，支流也会在一定条件下干扰和影响主流。

要把握好主流，同时关注支流，争取实现某些支流向主流转化。二是显流与潜流的关系。表现出来的、引人注意的、明显的东西是显流；没被发现的、正在酝酿的、处于萌芽状态的东西就是潜流。我们要有见微知著的本领，及时洞察发现潜流。对那些蕴藏着的积极的且符合社会主义市场经济的意识、理念、行为等"潜流"，要积极引导；对那些消极的、落后的、不健康的"潜流"，要保持警惕、及时掌握，力争将其消除在萌芽状态。三是常流与变流的关系。常流是正常的、便于掌握的情况；变流具有盲目性、杂乱性、突出性、不可预测性的特点。突发事件是变流的主要产生源，容易成为热点、难点问题。上述三个关系相互交织、复杂多变，要辩证认识和正确处理。

常态化情况下当代大学生的思想特点主要有五个：

第一个特点，是最新特点，即四个字：高、大、快、强。所谓高，开放程度高；所谓大，信息量大；所谓快，思想变化快；所谓强，个体意识强。

第二个特点，是最突出特点，包括四性：独立性、主体性、选择性、观点多样性。他们注重自我感受，善于独立思考，在行为中追求自我支配，在生活中追求自立自强，在精神上追求自我价值实现。

第三个特点，是心理特点，即生理成熟期前移，心理成熟期后移，心理矛盾增多，身心发展不同步、不协调现象比较普遍。

第四个特点，是发展特点，主要表现在四个"更加"上：政治需求更加现实，文化需求更加多样，社交需求更加广泛，成功需求更加强烈。

第五个特点，拥护改革开放，追求成功富裕。

二、 落实立德树人任务

《左传》中记载："大上有立德，其次有立功，其次有立言，虽久不废，此之谓不朽。"把立德摆在第一位，就是万事从做人开始。《管子》中提到"一年之计，莫如树谷；十年之计，莫如树木；终身之计，莫如树人"，说明培养人才是长远之计。"立德树人"是我国历代教育共同遵循的理念。立德是树人的前提和基础，树人是立德的目标和追求，德不可能自然形成而要立，人不可能自发成才需要树，立德是为了树人，而树人更要立德。

　　教育的重要使命是陶冶人性，铸造健康饱满的人格。教育的根本任务是教育学生学会做人。康德说，"人的目的是'做人'"，"而人只有靠教育才能成为人"。人靠教育而存在，教育为人而存在……陶行知曾说："教师的职责是'千教万教，教人求真'；学生的职责是'千学万学，学做真人'。"有所小学校的校长回答家长提问从学校层面讲什么是教育时说，就是让学生"今天睡好觉，明天不跳楼"。睡好觉，说到底就是要减轻负担，学校要给学生留下自主的时间和空间；不跳楼，涉及德育和心理健康，学生要有健康的心理、健全的人格。

　　我们看到一个现象，现在走向社会的学生出问题，原因大都不是智力因素，而是非智力因素，主要是思想品德问题。学生在校期间，多读一本书、少读一本书，多学点儿知识、少学点儿知识，对他们的发展和成功、成才没有决定性影响，但如果人生观发生偏离，将会毁其一生。

　　现代教育的本质是重视道德、重视做人、育人为本、德育为先。教育不仅是知识传授，更重要的还有价值观、世界观、方法论的传授。在教育过程中，工具理性很重要，价值理性更重要。工具理性讲怎么干，价值理性解决为什么要干。但现行教育过于知识化，一味重视专业教育、过于强调专业训练、过于强调职业导向、过于强调与市场经济接轨，忽视道德成人、精神成人，教师兴奋点在教书、学生兴奋点在考试、校长兴奋点在升学率，德育被边缘化了。

　　教育最重要的使命是培养真善美的人性担当，弘扬人性的道德光辉。何谓人性？人性是在一定社会制度和一定历史条件下形成的人的本性，从根本上决定并诠释人的行为。

　　马克思·韦伯讲，人有理性：工具理性和价值理性。工具理性强调借助理性达到预期目的，为达到目的，可以不择手段；价值理性强调实现目标时的动机和手段的正确。回顾20世纪的教育，工具理性主义在不同程度上主导教育理念，将学生按工具培养，没有按照"完整人"来培养，培养的是"精神世界不完整的人"或"精神残缺者"。

　　现代社会发展告诉我们，今天危及人类生存的问题，没有一个是工具理性不够发达造成的，相反，它们的根源都是价值理性问题。价值理性的贫乏已经严重影响到人类的存在。如果回避价值理性，依靠工具理性，必然导致功利人生，即重视现实、轻视理想，热衷功利、漠视义理，珍视个人、忽视社会，关注物质、鄙视精神，趋附感性、拒斥理性，其结果必定是做人的残缺或社会的倒退。

今天教育改革的实质是人性的回归、德性的回归。21世纪，我国教育将走向"以人为本"的教育、以学生为中心的教育、为生活做准备的教育、为生命重塑的教育。

有句话讲得深刻："我们出发得太久了，以至于忘记了我们为什么出发。"所有的教育都要回归本源，回归人性的原点，回归教育本身。要让学生能直面生活、直面生命，立足于生活中、立足于生命中、立足于社会中。

"育人为本、德育为先"已经写进国家中长期教育发展纲要，被作为21世纪的重大教育战略主题鲜明地提了出来。育人为本、德育为先是办好教育的基本要求。我们常讲，一个人的优秀归根结底是人性的优秀，一个民族的伟大归根结底是人性的伟大，而人性的优秀和伟大，从一定意义上讲就是德性的优秀和伟大。教育的实质就是培养人的德性。

党的十八大指出，把立德树人作为教育的根本任务。落实立德树人根本任务，必须把社会主义核心价值观融入教育全过程，教育学生修身做人。要培养学生正确人生观、价值观，切实解决价值取向问题。在这个问题上，一定要旗帜鲜明、观点明确。如果似是而非、含糊其词，核心价值引导就是空话，立德树人就无从谈起。在思想文化多元、多样、多变的今天，要明确究竟坚持什么、反对什么、褒扬什么、贬斥什么，应该确立时代的价值坐标，激发前行的道德力量，围绕立德树人推进教育思想转变。不仅要重视学生学什么，更要重视学生怎么学；不仅要重视学生思考什么，更要重视学生怎么思考；不仅要重视学生学会做人，更要重视学生怎么做人。围绕立德树人，认真研究如何把专业教育提升为通识教育，把通识教育提升为能力教育，把能力教育提升为品格教育，把品格教育提升为核心价值教育。

智育与美育都代替不了德育，德育在各种知识学习中具有引领和激励作用。我们承认智力对德育的促进作用，但不能无限夸大这个作用，在学校教育体系中德育永远处于龙头老大的地位，这个地位一旦动摇，我们的教育就要出问题。

德育是教育按照一定社会或阶级的要求，把社会思想道德规范转化为个体的思想意识、道德品质的教育。德育不限于行为规范的养成，也不限于思想政治教育，还包括真善美的追求，人生观、价值观、世界观的培养。德育包括思想教育、政治教育、道德教育和心理教育。思想教育主要帮助学生树立科学的世界观和方法论；政治教育主要帮助学生坚定理想信念；道德教育主要帮助学生提高道德认识、陶冶道德情操、培养优良品德、规范日常行为；心理教育主要帮助学生形成良好的个性、健全的人格、健康的情感和坚强的意志。

德育是开发和实现人性中德性潜能的通道，而德性存在于人和人、人和自然以及人与自身的关系之中。因此，德育为先的要义就是培育关爱他人之德、关爱国家之德、关爱生态之德、关爱自己之德。

一是培育关爱他人之德。雪莱曾说，道德的最大秘密就是爱。正像孟子所说的"爱人者，人恒爱之；敬人者，人恒敬之"。仁者爱人就是去关爱别人，帮助别人，体恤别人。关爱别人就是关爱自己，得到他人的关爱是一种幸福，关爱他人更是一种幸福。

二是培育关爱国家之德。加强爱国主义教育与民族精神的培育是大学德育的重要任务。热爱国家是与热爱党、热爱社会主义和热爱人民紧密联系在一起的。爱国主义教育引导大学生认识到个人的命运是与国家的前途和命运紧密联系在一起的，从而培养其对国家的忠诚和民族文化的认同。

三是培育关爱生态之德。生态文明是人类一切文明的基础。实现人与自然的和谐，就必须善待人类赖以生存的环境。合理利用地球有限的资源，就必须加强对大学生生态道德的教育，突出生态道德意识教育，突出生态道德规范教育，突出生态道德素质教育。

四是培育关爱自己之德。道德是实现了的道德自律，道德自律是实现着的道德。道德自律是道德他律的效用基础。一个关爱自己的人就是不断提升道德自律能力的人。道德自律的行为养成道德自律的习惯，道德自律的习惯形成道德自律的生活，道德自律的生活化成道德建设的社会资本。因此，大学德育的重要任务之一就是培育学生不懈提升道德自律的能力，引导他们不断走向更高尚、更聪明、更富有。

第十二讲 运用事实说服群众

要用鲜活的事实教育干部群众。理想信念教育不能只讲大道理，要把概念变事实，把抽象变形象。

一、深入浅出、通俗易懂

讲道理要深入浅出、通俗易懂。有个 8 岁定律，你讲的道理 8 岁小孩能听明白，说明你有水平。要把讲故事、讲道理结合起来。现实世界是由一个个故事来构成的，故事是人们存在于世界中的一种表达方式。讲故事的态度，就是我们生活的态度，要讲好、讲活、讲深人生故事、中国故事、世界故事，深入浅出、通俗易懂。讲故事要深入不深奥，浅出不浅薄，生动不生硬，真正让群众入耳、入脑、入心。

我们要运用新中国成立后 68 年来发展的无可辩驳的事实证明，只有社会主义才能发展中国。

1949 年中华人民共和国成立，站起来的中国人民在中国共产党领导下，满怀豪情，开启了实现国家富强、民族振兴、人民幸福的新征程，创造了人类社会发展史上惊天动地的奇迹。

国家富强

落后就要挨打，发展才能自强。60 多年来，一个世界上最大的发展中国家跃升为世界第二大经济体。2015 年 8 个小时创造的财富，相当于 1952 年全年的总产量！人均国内生产总值增长近 60 倍。财政收入 60 多年来增长了 2 000 多倍。中国以世界 7% 的耕地养活了世界 21% 的人口。中国已经成为世界制造业大国，正迈向制造业强国。中国实际使用外资跃居世界第一。外汇储备在 10 年前超过日本，现在稳居世界第一。

"洋火、洋钉、洋布"曾是数代中国人的集体记忆。如今中国诸多科技成果领先世界。"神威·太湖之光"超级计算机完全由中国人自主研发、用国产芯片制造，是目前世界上运算速度最快的计算机，比排名第二的中国银河二代计算机快两倍！它一分钟的计算能力相当于全球 72 亿人同时用计算器不间断计算 32 年。世界上掌握载人航天技术独立开展空间实验、独立进行出舱活动的国家只有三个，中国是其中之一。

社会各项事业发展成就斐然。

曾经，中国 80％以上的人口是文盲；如今，中国的高等教育已迈入大众化时代。

曾经，全国仅有 55 个公共图书馆；如今，基本县县有图书馆、文化馆，图书、报纸、电子出版物的品种和总量稳居世界第一。

曾经，全国一半左右货运量由人力、畜力及木船完成；如今，高速公路、铁路运营里程、港口货物吞吐量稳居世界第一，全球十大港口中国占七个。仅中国高铁就创造了多个世界第一。

曾经，人们憧憬"楼上楼下，电灯电话"；今天，中国城镇化水平超过 50％，"城里人"的数量已超过了"农村人"。

曾经，中国只有陆军一个兵种，战士手里握的都是缴获来的武器；如今，我们有原子弹、氢弹，有航空母舰，有现代化的作战指挥体系，国家安全盾牌牢不可破。

民族振兴

新中国成立 60 多年，中国人民实现了从站起来到富起来、强起来的伟大飞跃。

1949 年 10 月 1 日，是中华民族划时代的纪念日。

然而不到一年，战火就烧到了鸭绿江畔。抗美援朝是新中国与世界头号军事大国的正面交锋，是中朝两国军队与以美国为首的十六国侵略军的一场恶战，它打出了新中国的国威和军威，把"东亚病夫"的帽子彻底扔进了历史的垃圾堆。

1971 年第 26 届联合国大会恢复了新中国的合法席位，中国成为五大常任理事国之一。中国的外交舞台和政治影响迅速扩大到全世界。

1997 年、1999 年，香港、澳门两个百年游子回到了祖国母亲的怀抱。

2008 年，北京奥运会实现了中华民族的百年梦想。

2011 年 2 月，利比亚撤侨，中国政府 12 天内护送 2 万多名中国公民安全回国，综合国力让世界瞩目。

现在，人民币在国际储备货币篮子里的份额占比超过 10%，仅次于美国和欧盟。人民币已经成为世界各国对外经济贸易中的第二大货币。

站起来的中国人民以更加积极的姿态，深度参与全球治理。上海合作组织是第一个在中国境内宣布成立、以中国城市命名的国际组织；"一带一路"战略，是以中国为主导的地区合作新模式；亚投行是首个由中国倡议设立的多边金融机构。

在参与世界事务的过程中，中国始终致力于打造人类命运共同体。1997 年亚洲金融风暴，中国坚持人民币不贬值，展现了大国担当。2008 年全球金融危机爆发后，中国赴欧洲开展的信心之旅、承诺之旅，提振了世界经济。2016 年中国经济对全球经济增长的贡献率超过 30%，成为世界经济增长的第一引擎。

经历过苦难，才更珍爱和平。中国是唯一公开宣布不首先使用核武器、不对无核国家和无核地区使用或威胁使用核武器的核大国。中国是联合国常任理事国中派出维和部队最多的国家，8 000 人规模的维和部队，足迹遍及全球大部分热点地区。中国大量提供对外援助，但不附带任何政治条件，不干涉受援国内政，为人类社会的共同繁荣做出了贡献。

人民幸福

中国梦是人民的梦。马斯洛需求层次理论正好诠释了新中国成立以来，中国人民从脱离贫困、解决温饱到迈向小康的历史性跨越。

7 亿多人脱贫，这是人类发展历史上的一座丰碑。

1949 年，中国城镇和农民人均可支配收入都不足百元，60 多年后，提升了两三百倍，且收入增速快于经济增速，人民得到了实实在在的好处。

新中国成立前，中国人均预期寿命仅 35 岁，目前达到 76 岁，翻了一番还多。

社会保障事业从无到有、逐步完善、全面覆盖，百姓对未来的安全感与日俱增。

恩格尔系数指食品支出总额占个人消费支出总额的比重，是衡量生活质量的重要指标，数值越低越好。1957 年，中国城乡居民的恩格尔系数约为60％；2015年为30.6％，下降了一半，已经属于富裕型消费结构。

新中国成立之初，平均2 500人拥有一部电话，如今谁手里没有一部手机呢？

中国已经成为世界第二大电影市场，第三大电影生产国。国产影片占总票房的60％以上，取代进口大片成为市场的主力。

全民阅读活动正蓬勃发展。

中国是世界上旅游人次、旅游消费第一大国。

新中国成立以后，中国实现了从封建专制政治走向人民民主政治的飞跃，中国人民第一次有了自己的宪法，这是五千年中华文明史上又一座里程碑。

更多的就业机会、更广阔的创业舞台，让各行业、各领域的"草根英雄"层出不穷。

新中国60多年的历史证明，只有创造过辉煌的民族，才懂得复兴的意义；只有经历过苦难的民族，才对复兴有深切的渴望。昨天，我们用几十年的时间走完了发达国家几百年走过的路；今天，我们比历史上任何时刻都更接近中华民族伟大复兴的梦想；明天，我们要不忘初心、继续前进，不断增强中国特色社会主义道路自信、理论自信、制度自信、文化自信，用中国精神激发中国力量，向着中华民族的美好未来扬帆远航！

改革开放以来，纠正了"左"的错误，告别了以阶级斗争为纲，开辟了中国特色社会主义道路，我国经济社会发展进入近代以来最辉煌的时期。现在更是到了最有条件实现中华民族伟大复兴中国梦的新的历史阶段。新理念、新目标、新发展，展现了中国共产党的勃勃生机和长期执政的旺盛生命力，改革开放带来其服务人民水平的跨越式提升。中国作为世界第二大经济体展示出了强大的综合国力，但我们也面临"四大考验"和"四大风险"，特别是腐败的危险。党的十八大以来，以习近平同志为核心的党中央，采取了一系列廉政反腐重大举措，"老虎""苍蝇"一起打，遏制了腐败蔓延势头，党风和社会风气有了根本性转变。这也充分说明，改革开放只要置于全面从严治党和法制环境中，不但不会滋生腐败，而且能产生提升双重水平的效果。

我国改革开放的成功事实证明，改革开放的过程，就是创造中国特色社会主义的过程，就是为中国特色社会主义事业增光添彩、再铸辉煌的过程。

当今世界上虽然传统的苏联模式的社会主义风光不再，但社会主义潮流依然没有减弱，只是改变了形式而已，即特色社会主义大潮方兴未艾。不光我国以及传统的几个社会主义国家在搞具有自己特色的社会主义，世界上许多国家也都在搞特色社会主义。北欧的民主社会主义长盛不衰，尽管按照科学社会主义的标准我们很难承认这是真正的社会主义，但毫无疑问，它与传统资本主义相比已经有了很大不同，特别是其分配制度以及相应的社会福利体系，已经在一定意义上打破了"按资分配"的资本逻辑，具有一定的社会主义性质，甚至具有低层次的"按需分配"的共产主义性质。近年来，南美洲几乎所有主要国家都在搞"21世纪的社会主义"，非洲也有一些国家在探索社会主义道路。更值得关注的是，近年来，在少数资本主义国家，共产党通过议会民主途径上台执政，如萨尔瓦多、尼泊尔，并逐步推行社会主义政策。还有，在一些资本主义国家里，局部地区由共产党通过选举上台执政，如在印度的两个邦，共产党执政多年；近年来，法国有30多个城市或地区由共产党执政。即使在比较典型的英美资本主义国家，社会主义因素也越来越多，包括福利体系越来越完善、政府调控市场机制越来越多，因为不断出现的社会运动、经济危机的压力和日益深化的经济全球化逼迫资产阶级政府不得不加强分配制度改革和市场调控。难怪很多人到了西方一些发达国家，感觉它们很"像"社会主义。所以，就连西方一些主流思想家也越来越赞成社会主义，以致提出当今世界上有三种社会制度，即资本主义（以英美为代表）、社会主义（以北欧为代表）、共产主义（以前苏联模式国家为代表）。这样的制度区分正确与否姑且不论，但这表明社会主义已经越来越为更多的人们所接受。

一句话，就整个当今世界潮流来说，两种社会制度的转换正在悄然地然而却是深度地进行着。可以说，这是当今乃至未来上百年世界发展的大趋势，它不以任何人的主观意志为转移。尽管从形式上看，资本主义还是今天世界发展的主流，但从实质上看，社会主义正在日益强盛。而且，中华民族在这样的人类社会制度的转化潮流中正在发挥并将继续发挥重要作用。当然，世界两大社会制度并存的格局还会长期维持，资强社弱、西强我弱的局面也不会在短期内改变。因此，我们既要站得高、看得远，把握世界大势，坚定制度自信，又要脚踏实地，主动适应世界潮流，推进我国现代化建设上新水平，同时，积极参与全球治理，为人类文明进步事业作出自己的贡献。[1]

二、 重视故事教育方法

天边不如身边，道理不如故事。我们要会讲道理，先把道理讲通，要接地气，要让马克思讲中国话，让大专家讲老百姓的话，让基本原理变成生动的道理，让根本方法变成管用的方法，这才是我们的本领。要学会转换，把远大理想、核心价值、基本原理、根本方法、深刻主题、崇高境界，用老百姓的语言来叙述，用身边的典型和事实来展示，用不同受众喜闻乐见的方式来表达。跟正在做的事情不脱节，跟学生的发展密切关联，好像看不见，但实际很抓人，主题很鲜明，润物细无声，这是我们教育的要理。我们要学会看不见的教育，学会讲故事，学会从身边取材，这是要训练的，要有基本功，没有基本功是不行的。

比如，在许多学生的内心里，总会保留着老师的故事。

钱穆晚年回忆起在常州中学读高中时，一次历史考试三道题他只做出了一道，结果吕思勉老师却给了他 100 分。当看到吕老师写下的评语字数竟然比他答题字数还多时，钱穆流下感激的眼泪，此事改变了他的人生，影响了他的终生。

居里夫人曾两次获得诺贝尔奖，仍不忘她少年时代的老师欧班。在华沙镭研究所开幕仪式上，她在社会名流的簇拥中，把欧班老师推向主席台，这既是滴水之恩涌泉相报的朴素感情，更是欧班老师真正地走进了居里夫人的内心、打动了居里夫人心灵的生动写照。

比如讲理想信念教育，可多从故事上提炼挖掘。有个叫王宝胜的，山东平邑仲村人，这个人是个传奇，他身上体现的就是家国情怀，要好好挖

---

① 杨金海：《用马克思主义指导哲学社会科学发展的方法论思考——学习习近平总书记在哲学社会科学工作座谈会上讲话精神的几点体会》，载《思想理论教育》，2016(7)，4～11 页。

掘。他的父辈当年是闯关东的，他出生在东北，长大以后身体强壮、非常聪慧，参加了抗联，十八般兵器样样精通，而且枪法很准，也很会做工作，很关心人。后来抗联打散了，他就返回了山东，在平邑组织了一支特工队，受县委领导，专门进行锄奸。当115师从新泰转到了平邑，肖华听说了这个人，就把他收编到部队，好像是一个队长，也专门执行锄奸任务。他是神枪手，很会体谅战士，战士有了困难，他会及时接济。他自己做双新鞋，一个战士穿着破鞋进来了，他就说："来比比脚多大，差不多，你年轻，新鞋你穿上，把这个破鞋给我穿上。"后来日本鬼子抓了他去，把他的膝盖骨给卸了，把他的脚筋给抽了，他宁死不屈，一声不吭。后来部队经过多方努力，把他救出来了，但从此他再也没能站起来。就是这么一个人，在1963年得知原子弹爆炸的当天，在家里号啕大哭，哭声震天。周围的邻居都来看他："王宝胜你怎么回事？这么硬气的汉子，当年被日本鬼子抓起来，挑断脚筋，都没有吭一声，今天怎么了？"王宝胜说："我们的原子弹爆炸了，我们的国家强大了，没有人再敢欺负我们了。"这就是家国情怀、信念信仰。

军旅作家王树增讲过，当年支前送炮弹的临沂群众，在路上碰到了下雨，把自己的棉袄脱下来盖到炮弹上，防止炮弹被淋湿了。炮弹被推到前线，部队给他两个大洋，让他赶紧回去，他说："不行，我得看看这个炮弹打得响不响，如果不响，这两个大洋我不要。"这是王树增当年采访时了解到的情景，我们要挖掘这样的故事。

著名哲学家柏拉图和亚里士多德为了引导大众，也是很早就开始运用讲故事的技巧。故事是人类认识世界的工具，也承载着思想和感情的寄托。从学术角度来说，讲故事是通过多样的形式表达人类的基本需求和与他人沟通思想的过程，同时也是一种让他人更容易接受自己想法的方式。

学会讲故事、举事例，要有根有据、有血有肉、信息量大、含金量高。讲故事能力是人类一种重要的能力，也是一个人、一个民族、一个国家实实在在的文化软实力。现在不少人不会用形象思维，无论你问什么问题，都是习惯用"一是二是三是"回答。能够运用形象思维说事应该是一项基本功。讲故事要形象生动，有细节，有煽情的效果，钢铁般的真理也得有诗的语言表达才能打动人心。

信念教育是心灵与心灵的沟通，灵魂与灵魂的撞击。讲故事可以用生动的情节诠释感情、用直白的语言传递信息、用质朴的方式碰撞心灵，拉近教育双方的心理距离。能增加感悟、减少灌输，增加情趣、减少刻薄，增加感同身受、减少居高临下。只有故事讲得妙趣横生，道理才能讲得深入人心。故事揭示着形势政策的大方向，蕴含着潜移默化的大道理，承载着愉悦身心的大功能。用身边的人讲身边的事，群众听得懂、记得住，听了之后，感动之余又很受鼓舞。让群众自己教育自己，会收到意想不到的效果。我们要把讲道理、讲故事结合起来，讲好讲活讲深人生故事、讲好讲活讲深中国故事、讲好讲活讲深世界故事，深入浅出、通俗易懂，用生动的故事、深刻的道理润物无声、春风化雨，激励人们对真善美的追求，达到沁人心脾的效果。

我们的生活经验与智慧，在很大程度上正是以"故事"的方式存在的。讲述故事是不同于宏大叙事的另一种言说方式，它更关注基于个体生活的具体事件及其经验，这些活动使学生获得发出自己的声音的机会，而且以自己喜欢方式表达自我，从而摆脱了总被人代表说话的失语状况。

……

我们努力为学生创设适合表达方式，在叙事表达回望中成长。为什么要叙述故事？生命历程构成了故事的内容前提；通过叙述，使自我在与他人的关系中凸显出来，并从中发现、体验意义感。以故事的形式，我们创设对话机制，促进师生对话、生生对话以及过往经验与当下生活对话，未来生活与眼下学习对话，在这对话中，教师决不是一个旁观者的角色，一个模糊自己观点的角色，相反，他应该是一位促进对话的编导，更是一个倾听、引导、激发、决断者的角色，在对话中学习对话。

……

让学生讲故事，是创设学生表达、解释自己对未来的看法、期望和感受的一种途径，学生不仅是思考对未来的憧憬或生活目标等看法，而且把这些预期想法放到现时中，以故事形式表达出来，强化认识，促进行动，改变自我，起到了"未来投射"的作用。

让学生讲故事，促使学生从"拷贝""剪贴""拼凑"他人话语的"复述困境"中拉回到"面向事实本身"，让学生通过其喜欢、擅长的如短剧、歌舞、微电影等故事方式，直接讲述自己的生活经历和生活体验，"说自己的话"、"做自己的事"，在表达中审视自我、回归自我。

让学生讲故事是另一种言说方式，一种移情性、参与性的理解及其表达。学生以故事为载体，以其生动的描述、丰满的形象、细腻的感受，开启自我，发现意义，更容易激起同伴的共鸣，实现狄尔泰式的"体验—表达—理解"的学习过程，这便是所谓的生命影响生命的过程吧。①

---

① 德育圈:《张振笋:〈高校学生工作 10 个基本观点〉之五》，载猜品牌，http://www. caipinpai. com/a1088279. htm。

第十三讲　弘扬光大民族精神

儒家文化是我们的民族文化，我们没有很好地尊重它，东南亚许多国家很尊重它。新加坡已故总理李光耀曾讲，西方用西方价值观念影响我们，我们就用儒家文化抵制它，它也没办法。

一、 文化是民族延续的血脉

文化是一个民族延续的血脉，是实现民族凝聚、民族认同的灵魂，是一个民族区别于其他民族、自立于世界民族之林的标识。如果你是一个中国人，即使身在异国他乡，但凭借着黑头发、黄皮肤，凭借着中餐、中药、方块字，凭借着一首《义勇军进行曲》，你就能找到自己的同胞。

那些被称为中华民族优秀传统文化的东西，不只是长城、故宫、兵马俑，也不只是四书、五经、唐诗、宋词，还有根植于亿万民众心中深深影响着国人的精神理念。

比如自强不息、厚德载物的精神，先天下之忧而忧、后天下之乐而乐的精神，天下兴亡、匹夫有责的精神，等等。这些精神理念是经过千年历练，大浪淘沙后积淀而成的民族智慧精华，是中华民族共有的精神家园。

二、 历史教训不能忘记

1894年爆发的中日甲午之战，距今已120多年，中国因战败而签订丧权辱国的《马关条约》。甲午战争是日本长达半个世纪蚕食九州、涂炭华夏的开端，是近代中日两国兴衰的分水岭。今天，我们要理性地反思"甲午之败"，要分析败在何处。一些学者研究指出，甲午之败败在清廷的有权无国、败在洋务的有器无力、败在水师的有战无争。

甲午一战，中断了中国近代化进程，致使中华民族的命运一落千丈，五千年文明之泱泱大国沦落到割地赔款、山河破碎的悲惨境地，中国人民被扣上"东亚病夫"的帽子。战后的中国，耻辱、悲愤、焦虑的情绪到处弥漫，一些近代有识之士，开始不断发出这样的追问和反思：为什么有着四万万之众的泱泱大国却败给了小国日本？为什么曾号称亚洲第一的北洋舰队却一战全军覆没？为什么在中国本土作战却陷入寡不敌众、孤立无援？中国向何处去？谁来救中国？

历史是一面镜子，更是一座警钟，它警示后人：前事不忘，后事之师！

牢记历史，并不是要延续仇恨，而是要以史为鉴、面向未来，珍爱和平、维护和平。我们绝不能让历史悲剧重演！

1898年，清政府以向西方贷款等形式还清甲午战争赔款，日军撤出刘公岛。在日军撤出刘公岛后，英军登上刘公岛，租占刘公岛42年。著名爱国诗人闻一多先生在美国留学期间创作了组诗《七子之歌》，将甲午战败后被列强租占的澳门、香港、台湾、威海卫、旅大（旅顺—大连）、广州湾、九龙比作被夺走的七个孩子，倾诉了他们失养于祖国、受虐于异族、渴望重回祖国母亲怀抱的悲哀之情。诗句可谓字字带情，声声蘸泪。

甲午战败，中国从此被扣上了"东亚病夫"的帽子，处于无比屈辱悲惨的境地。特别是被日本这样的国家打败，国家和人民更是十倍的屈辱悲惨。日军在占领刘公岛的3年时间里，竟然强迫清政府向其每年支付50万两白银的驻军费用。在台湾，日军制造了骇人听闻的云林大屠杀，为了镇压台湾人民抗争，日军焚毁云林村社，屠杀约3万中国人。

甲午战争后，中国人民深受帝国主义和封建主义的双重压迫，生活在水深火热之中。老百姓无以为生、流离失所，走投无路之下，不得不狠心卖掉儿女。中国青壮年劳动力被列强当作奴隶或牛马，任意抓掠使唤。一个曾经独步东亚数千年的中华文明古国，甲午战争之后已经成了列强刀俎上的鱼肉，任由宰割。正如康有为所说："吾中国四万万人，无贵无贱，当今日在覆屋之下，漏舟之中，薪火之上，如笼中之鸟，釜底之鱼，牢中之囚，为奴隶，为牛马，为犬羊，听人驱使，听人宰割，此四千年中二十朝未有之奇变！"

弘扬光大民族精神，要注重从近代以来我国发展跌宕起伏、人民斗争波澜壮阔的历史角度来进行。从鸦片战争到新中国成立这100多年时间，是中华民族最动荡、最屈辱的历史时期，是中国人民最悲惨、最痛苦的历史时期。中国人在苦难中觉醒和奋起，积极探索中国应该走什么样的道路、朝什么样的方向发展这个根本性问题。人们进行了很多尝试，君主立宪制、多党制、总统制都试过了，结果都行不通。直到中国共产党领导人民把马克思主义基本原理同中国实际结合起来，才找到了实现民族独立和人民解放、国家富强和人民幸福的中国特色社会主义道路。

这个结论是已经被历史证明了的事实。今天之中国，同新中国成立以前之中国相比，同鸦片战争以后之中国相比，有天壤之别。当今世界，要说哪个政党、哪个国家、哪个民族能够自信的话，那中国共产党、中华人民共和国、中华民族是最有理由自信的，这一点，我们要理直气壮。

在中华民族积贫积弱、任人宰割的时期，各种主义和道路都进行过尝试，改良主义、君主立宪、资产阶级共和国道路都没有走通，没能解决中国的前途和命运问题。历史最终选择了中国共产党，历史和现实告诉我们，没有共产党就没有新中国，只有社会主义才能救中国，只有中国特色社会主义才能发展中国。

西方有人说，中国应该改变历史宣传角度，不要再搞屈辱历史的宣传，应该跟上时代潮流。这话不能听，忘记了历史就意味着背叛。历史是客观存在的，历史是最好的教科书。没有历史记忆的民族是没有前途的。

我们进行历史教育，并不是要耽搁在历史的苦难上唉声叹气，而是要从历史中塑造民族精神、民族魂，认识和把握中国社会发展规律，激励人民继续前进的信心和勇气。

中华民族在五千多年的文明发展进程中创造了博大精深的中华文化。中华文化积淀着中华民族最深沉的精神追求，包含着中华民族最根本的精神基因，代表着中华民族独特的精神标志，是中华民族生生不息、发展壮大的丰厚滋养。中华优秀传统文化是中华民族的突出优势，是中华民族自强不息、团结奋进的重要精神支撑，是我们最深厚的文化软实力。中国特色社会主义根植于中华文化沃土上，反映中国人民意愿，适应中国和时代发展进步要求，有着深厚的历史渊源和广泛的现实基础。中华民族创造了源远流长的中华文化，中华民族也一定能够创造出中华文化新的辉煌。

绵延几千年的中华文化，是中国特色哲学社会科学成长发展的深厚基础……站立在960万平方公里的广袤土地上，吸吮着中华民族漫长奋斗积累的文化养分，拥有13亿中国人民聚合的磅礴之力，我们走自己的路，具有无比广阔的舞台，具有无比深厚的历史底蕴，具有无比强大的前进定力，中国人民应该有这个信心，每一个中国人都应该有这个信心。我们说要坚定中国特色社会主义道路自信、理论自信、制度自信，说到底是要坚定文化自信。文化自信是更基本、更深沉、更持久的力量。历史和现实都表明，一个抛弃了或者背叛了自己历史文化的民族，不仅不可能发展起来，而且很可能上演一场历史悲剧。

中华民族有着深厚文化传统，形成了富有特色的思想体系，体现了中国人几千年来积累的知识智慧和理性思辨。这是我国的独特优势。中华文明延续着我们国家和民族的精神血脉，既需要薪火相传、代代守护，也需要与时俱进、推陈出新。要加强对中华优秀文化的挖掘和阐发，使中华民族最基本的文化基因与当代文化相适应、与现代社会相协调，把跨越时空、超越国界、富有永恒魅力、具有当代价值的文化精神弘扬起来……要围绕我国和世界发展面临的重大问题，着力提出能够体现中国立场、中国智慧、中国价值的理念、主张、方案。我们不仅要让世界知道"舌尖上的中国"，还要让世界知道……"发展中的中国"、"开放中的中国"、"为人类文明作贡献的中国"。①

中华优秀传统文化，蕴含着丰富的治国理政智慧、伦理道德观念和精神价值追求，具有很强的吸引力、感召力，在凝聚共识方面有着巨大的作用。我们应立足世情国情，对中华优秀传统文化进行创造性转化和创新性发展。今天，社会思想潮流日新月异，文化发展正经历着深刻变化。这更加要求我们坚持以马克思主义为指导，赋予中华优秀传统文化以新的时代内涵，使之在当代仍具有强大的凝聚力感召力，推动中华文化走向新辉煌。

---

① 习近平：《在哲学社会科学工作座谈会上的讲话》，载新华网，http://news. xinhuanet. com/politics/2016-05/18/c_1118891128_3. htm。

第十四讲　营造人格领导环境

　　一个单位的发展往往要经历三个阶段：一是人治阶段，靠人管人，但"一把手"的人格魅力、能力水平毕竟有限，往往是没有规范的随意管理；二是法治阶段，靠制度管人，这种基于规范的管理往往是稳定的；三是德治阶段，靠道德和文化的力量管人，在这个阶段，做错了事，马上自我谴责；做对了事，也认为是天经地义的。目前我国正在建设法治和德治环境。因此，要面对现实，营造开明的领导环境。

一、　领导环境的内涵

　　"一个人的成长离不开环境，包括政治环境、文化环境、舆论环境、政策环境、人际关系环境等等。这些环境因素对人的成长、成才、成功都很重要，但人们往往忽视了'领导'这个因素。其实，领导就是你的环境，特别是一把手，是你最重要的环境。"[①] 如果一个单位的"一把手"没有创新思维，这个单位就很难发展创新。如果"一把手"思想解放，很有眼光，很有创新意识，那么这个单位就会有很多创新人才、创新成果源源不断地产生出来。"我们常常看到这种情形：有的人在一个领导手下工作，唯唯诺诺，无所作为，就像一条虫，活得很窝囊；而到了另一个领导手下，就像变了一个人似的，生龙活虎，奋发有为，就像一条龙，活得很精彩。同样一个地方、一个单位，某个领导主政时，长江后浪推前浪，源源不断出人才，好像有取之不尽的人才资源；而另一个领导主政时，却举目无才，所有的人才都被镇住了、埋没了，几年也出不来一个人才。"[②]

---

①② 任彦申：《领导是最重要的成长环境》，载《温州日报》，2009-02-16(7)。

二、 人格领导环境的特点

人格领导环境"就是要为部下创造环境、创造机会、创造明天，使他们有用武之地，无后顾之忧"[①]。人格领导环境有三个特点：

第一个特点，人格领导"是可遇而不可求的。在你的成长经历中，如果能遇上一个英明的领导，那真是'三生有幸'，机遇难得，或许从此改变了你的命运，奠定了你一生成功的平台。反之，如果遇上一个不开明的领导，你非常无奈，不仅会埋没你的才华，甚至会耽误你一生的前途"[②]。

第二个特点，人格领导就是一所好学校。他用不着每天都给你上课，不用每天都教育你、提醒你，但他为人处世的准则，他的思路、行为和作风，随时随地都在影响着你、改变着你，不知不觉中使你开阔了眼界、增长了知识。与高明者为伍，自己也会高明起来。

第三个特点，人格领导给人好感觉。首先是安全感，领导不妒贤嫉能、不秋后算账；其次是成就感，在他的领导下发展，价值得到体现；最后是荣誉感，领导以部下为荣、部下以领导为荣，这个单位就是一个具有高度凝聚力的荣誉团队。

人格领导环境是无形的，它时时刻刻都在滋润着你、呵护着你，置身其中并不感觉它存在，而当换了一个不开明的领导时，大家就会发现周围的环境一下子变得严峻起来，恶劣起来。此时，你才明白失去一个好的领导意味着什么。

三、 人格型领导干部需要具备的条件

什么是领导？领导是带领队伍向既定目标前进的人，团结群众、依靠群众干事的人。实施领导的过程，其实就是领导者与被领导者互动的过程。衡量领导的强弱，就看他能得到多少人拥护，多少人愿意跟他走，他说的话有多少人信服。

在实际工作中，大体有三种类型的领导。第一种，权力型领导。有职有权，能发号施令。被领导者出于对权力的敬畏和自身利益的考虑，不得不听。这种只凭权力驱使别人为自己干事的领导，是最低层次的，也是最

---

①② 任彦申：《领导是最重要的成长环境》，载《温州日报》，2009-02-16(7)。

不受欢迎的。要知道，权力并非领导者自身具有的，而是组织给予的，或者是制度规定的，带有很大的脆弱性和不稳定性。第二种，权威型领导。领导者很多，但真正有权威的很少。有职务不一定有权力，有权力不一定有权威。权威是在长期工作中逐步积累的。同样职务的人，有没有权威，领导效果大不一样。缺乏权威的领导，他的权力会大打折扣。第三种，人格型领导。人格型领导最有亲和力，最受群众欢迎，最有凝聚力、影响力。人格就是表率，人格就是形象。人格在传递着一种力量、一种精神。一个健康的人，核心是健全的人格。人格的修养，人格的形成，对党员干部来讲太重要了。党员干部应以人格魅力赢得形象，成为表率。

人格型领导环境需要培养人格型领导干部。人格型领导干部要具备以下条件：

第一个条件：人格型领导首先要尊重上级。

离开上级的信任和支持，你将一事无成。

第二个条件：人格型领导要善待下级，善待群众。

在人与人的交往中，应当重感情、讲理智，人情通，理才能顺。

第三个条件：人格型领导要以人为本，而不是以事为本。

与人为善、助人为乐、以诚相见、以礼相待，善待群众、善待部下、善待你周围的人，关心他们的利益要求、关心他们的成长、关心他们的喜怒哀乐。不能把部下、把群众当作机器，一按开关，他们就会不停地工作。

我们经常讲要树立群众观点、走群众路线，从群众中来，到群众中去。如果你连周围的人都不放在眼里，还谈什么群众观点？如果你不能融入身边的群众，又怎么可能同广大群众打成一片？

人格型领导，不在于人前怎么说，而在于人后怎么做；不在于台上怎么表演，而在于台下怎么表现。最有发言权的是群众。最令群众感到厌恶的领导是摆出一副高人一等、自命不凡的样子，整天端着架子、板着面孔，唯恐失去做官的尊严，好像一个不食人间烟火的神仙。

第四个条件：人格型领导要有人格魅力。

有人格魅力的领导是受群众欢迎和喜爱的，是有亲和力和感召力的。人格魅力是品质的集中表现。优秀的品格就是力量。人格魅力就是要有远大的志向和梦想，有独特执着的性格，有勇气、毅力和自信，有积极的生活态度，有智慧和幽默感。

第五个条件：人格型领导要有出色的工作能力。

人格型领导应当具有出色的专业技能，是行家里手，是业界精英，使你的部下以你为荣，以你为学习榜样。动物界奉行一条不成文的法则：谁有本事谁为王。那些鹿王、猴王都是靠本事打拼出来的。人类的心理也是如此。人们总是愿意接受比自己强的领导。人们之所以愿意追随你，是相信你能够打胜仗，能够带领他们创造出一流的业绩，为他们搭建一个成功的平台，为他们的人生增添光彩。没有人愿意跟随一个无能之辈去浪费自己的大好年华。

第六个条件：人格型领导要干事创业，勤政务实。

能干大事的人应当立志去干大事，干不成大事的人，应当为群众多做好事、多办实事。不管你有多么优越的背景，多么耀眼的光环，多么美好的宣言，最终要看能不能落到实处、转变为实质，能不能让广大群众得到实实在在的好处。

第七个条件：人格型领导要有创新思维。

创新是人类特有的认识能力和实践能力，是人类主观能动性的高级表现形式。创新就是终点的超越、平衡的打破、动态的延伸、高度的提升。什么叫创新型人才？创新型人才就是具有创新思维、能够创造性解决问题的人才。创新型人才有四个基本要素：知识性要素、实践性要素、创新能力要素、品德要素。什么叫创新能力？所谓创新能力就是智力因素和非智力因素的总和，主要包括创造性人格、创造性思维、创造性实践能力。什么叫创新精神？创新精神主要包括创新的责任、创新的毅力、创新的胆略、创新的品质。

创新是一个团队力量的源泉，是一名干部整体素质的体现。党政工作程序性比较强，但这并不意味着不需要创新。实践证明，许多工作只靠传统经验和惯性思维办事是不行的，必须不断创新工作思路、创新工作方法、创新工作制度。我们不能把工作单纯定位在日常的上传下达和办文办会办事上，更不能有得过且过、敷衍塞责的思想。必须把创新作为提高工作效率的重要手段，以新的思维研究工作、以新的理念搞好服务、以新的举措抓好落实。

创新是一个民族进步的灵魂，是一个国家兴旺发达不竭的动力。没有创新，一个地方就难以实现大的发展，一个管理干部就不能使自己的能力和水平获得大的提高。创新就是要解放思想，更新观念，与时俱进。一次思想解放不等于永久思想解放，一个问题上的思想解放不等于所有问题上的思想解放。观念决定思路，思路决定出路；思想解放的空间决定事业发展的空间，思考问题的高度决定事业成就的程度。一个国家、一个民族、一个政党乃至一位管理干部不解放思想、开拓创新，就没有进步、没有未来、没有发展、没有生命力。

创新作为一种思维模式，就是要善于超前思考；作为一种精神状态，就是要敢冒风险、不怕失败、勇往直前；作为一种行为方式，就是不循规蹈矩，敢于标新立异，做前人不敢做的事。一个优秀的管理干部应当具备创新的激情和动力，勇于改革、勇于创新。坚持创新就要善于通过探索规律、遵循规律、运用规律，来把握发展的主动权，激活发展的新动力，步入发展的新境界，收获发展的新成果。人民群众是创新的主体，要坚持把人民群众的首创精神作为创新的智慧源泉，使一切积极因素充分地调动、一切力量充分地凝聚、一切要素的活力竞相迸发。

当前，我国经济社会体制正处于深刻变革的过程中，新情况新问题层出不穷。我们要积极推动改革创新，牢固树立创新就是能力、创新就是政绩、创新就是发展的观念，努力体现时代性、把握规律性、富于创造性，要从计划经济的狭隘思维中解放出来，从就经济论经济的狭隘思维中解放出来。对老问题要有新思路，对新问题要有新办法。我们现在仍然强调要有一股冲劲儿、一股闯劲儿。实践证明，主动和被动是不一样的、冲和等是不一样的、创和靠是不一样的，改革更是逆水行舟，不进则退。要按照市场化的思路、国际化的眼光、现代化的理念，重新审视我们的发展目标和思路，通过思想认识的飞跃，实现工作思路的新突破。